La vida de San Benito José Labre

J.P. Coghlan

SENSUS FIDELIUM PRESS

Gastonia, North Carolina

Edición de Sensus Fidelium Press © 2023.

ISBN impreso: 978-1-962639-38-5

SensusFideliumPress.com

Prefacio del autor
a la edición italiana

Dios todopoderoso, que es el único que hace cosas maravillosas, que levanta del polvo a los necesitados y alza del estercolero a los pobres, para sentarse con los príncipes y ocupar el trono de la gloria, se ha dignado en nuestros días resucitar a un pobre hombre, nacido en Francia y conocido con el nombre de Benito José Labre, y en proporción a la oscuridad de su vida, lo ha hecho mucho más ilustre después de su muerte. Y, como piadosamente creemos, le ha puesto en posesión de aquel bendito reino prometido a los pobres de espíritu; como prueba de lo cual ejerce el poder de su diestra y renueva sus prodigios.

Toda Italia ha quedado ya sorprendida y asombrada; y las maravillosas obras que, según se dice, se realizan cada día no sólo en Roma, sino también en lugares muy distantes, son más manifiestas y más asombrosas que sus extraordinarias virtudes, que su profundísima humildad le hizo siempre extremadamente industrioso en ocultar. Como consecuencia de tantos acontecimientos sorprendentes, que sucedieron inmediatamente después de su muerte, surgió en todas las gentes un deseo natural de saber qué clase de hombre era éste, por quien Dios se complacía en obrar tantas maravillas; y cuáles eran las cualidades y virtudes con que había sido adornado. Lo cual, comenzando a rumorearse, algunos oficiosos (no sé por qué motivo) se han puesto a imprimir varias cosas acerca de él, en parte de informe común, en parte de mera imaginación, y algunas que incluso eran manifiestamente falsas. Y otros han hecho lo mismo en lugares distantes.

Por lo tanto, los Superiores aquí en Roma decidieron sabiamente prohibir la publicación de tales relatos inciertos y falsos; y ordenar que se publicara una historia verdadera y fiel de su vida, que pudiera refutar los falsos informes ya difundidos en todas partes; y al mismo tiempo satisfacer el deseo que los fieles tienen universalmente de tener un relato adecuado de todo lo relacionado con este Siervo de Dios. En consecuencia, se me encomendó este cargo, porque, habiendo sido yo su Confesor, se creía que podía tener mejor conocimiento de él que cualquier otra persona. Y como mi deber me obligaba a ello, consentí de buen grado en llevarlo a cabo, a lo que también me impulsó la estima y el afecto que siempre he sentido por este pobre Siervo de Jesucristo, cuya vida ahora publico. El título que precede a esta obra es suficiente para mostrar que mi propósito es dar un relato tan claro de este Siervo de Dios, que permita a mis lectores formarse una idea suficiente, si no completa, de él: en consecuencia, no he escatimado ni trabajo, ni diligencia, ni esfuerzos para obtener la información más exacta sobre él. Así, cuando he relatado hechos ocurridos a distancia de Roma, me he esforzado, por medio de cartas y de la ayuda de amigos, en procurarme las pruebas más seguras, como el lector podrá observar en el curso de la obra, aunque a menudo, por muy buenas razones, he suprimido los nombres de las personas de quienes y por cuyos medios obtuve dicha información.

También he tenido en mi poder los documentos auténticos que han sido transmitidos a Roma por el Obispo de Boulogne, que ordenó reunir con la mayor exactitud, en el país donde nació este Siervo de Dios, y donde residió durante varios años: entre los que se encuentran las deposiciones de su Padre y Madre.

En cuanto a las cosas que han sucedido en Roma, he oído relatarlas a personas de la mayor veracidad, que fueron testigos oculares de los hechos. Tampoco me he contentado con haberles preguntado una sola vez, sino que les he interrogado a menudo y en períodos de tiempo distantes sobre las cosas que relataban, con el fin de ver si los relatos que daban después concordaban con lo que habían dicho antes. Y además les he pedido que me dieran por escrito y de su puño y letra los relatos que antes me habían dado de palabra.

Tampoco me he fiado del testimonio de ninguna persona que no se haya declarado dispuesta a confirmar su afirmación bajo juramento en el Proceso de Beatificación y Canonización del Siervo de Dios, que ahora se está llevando a cabo. Por lo cual he insertado a su debido tiempo las mismas palabras en que están redactadas las atestaciones de los testigos; atestaciones que ahora tengo conmigo: y asimismo una copia del Proceso Verbal, formado después de su muerte y antes de su entierro. De modo que no relataré nada de lo que no pueda presentar pruebas fehacientes. También debo informar al benévolo lector que en las muchas cosas sobre las que no he recurrido a ninguna otra persona como testigo, es porque yo mismo respondo de ellas, ya que, aunque indigno, tuve la felicidad de ser su Director, y por ello he tenido muchas conversaciones con él, en las que me ha dado un relato minucioso de todas las transacciones de su vida, incluso desde sus más tiernos años. Aunque, para no cansar al lector, no mencionaré ordinariamente en el curso de esta Vida esas conversaciones; sino sólo de vez en cuando, cuando crea más necesario manifestar alguna cosa gloriosa que le haya sucedido, y que ahora parezca verificarse. Pero aunque he empleado toda la diligencia posible y me he esforzado por adquirir un conocimiento verdadero y perfecto de lo que relato, es posible que en algunas cosas me equivoque, como todo hombre es susceptible de equivocarse en los asuntos humanos. Por lo cual no deseo otro crédito que el de un historiador, y el que pueda ser debido a las cosas que relato. Espero que el lector disculpe que el estilo sea sencillo y común, como el que usa la gente común, ya que lo que escribo está destinado a promover el bien de todos, proponiendo a cada lector, ya sea culto o inculto, los ejemplos virtuosos de este Siervo de Dios para su imitación; por lo que he elegido relatar sus virtudes, en lugar de sus milagros. Y donde he hablado de éstos, lo he hecho más bien en palabras generales, que dando alguna relación particular de ellos; como creí que era mi deber hacerlo.

Por último, en confirmación de lo que he dicho al principio de este Prefacio, creo conveniente mencionar aquí las palabras de ese digno sacerdote, el Sr. Vincent, Rector de Œuf à S. Pol, que se expresa en su carta de la siguiente manera: "La vida de este hombre, que hasta este momento no parecía tener nada de notable, y era en cierto modo totalmente ignorada, aparece ahora llena de materia interesante e importante, abigarrada con una multitud infinita de circunstancias, probada por una gran multitud de testigos, y edificante en cada una de sus partes. Y tal fue en verdad la vida que llevó en todas sus peregrinaciones, y aquí en la misma Roma. Por tanto, querido lector, concluiré con lo que S. Bernardo dice de S. Malaquías. Tienes en él algo que admirar y algo que imitar. Habe in illo quid mireris, habes quid imiteris. Esto es lo que deseo encarecidamente para vuestro bien: para gloria de Dios; y para exaltación de este su Siervo.

Prefacio del Traductor

Apenas llegaron a Inglaterra los relatos de las maravillas obradas por el Todopoderoso en la tumba y por la intercesión de su siervo, todo el mundo estaba deseoso de oírlos y de que se pusieran por escrito. Sin embargo, se juzgó más prudente esperar hasta que la información relativa a los detalles de su extraordinaria vida pudiera obtenerse y reducirse a la forma de una historia regular, que sin duda sería más satisfactoria para el público que la publicación de piezas inconexas. Esto es lo que ha hecho el Reverendo Sr. Joseph Marconi, el Confesor de Benedicto, que publicó su Vida en italiano; y se ha hecho un resumen de ella en francés, del que se traduce esta edición.

Después de lo que el Sr. Marconi ha dicho en su Prefacio, es inútil que yo añada nada más, ni sobre la vida misma ni sobre el cuidado que se ha puesto en dar una historia verdadera de este hombre extraordinario.

Esta edición consiste, en primer lugar, en una historia de la vida de este venerable Siervo de Dios, desde su nacimiento hasta que su cuerpo fue sepultado, y que es una traducción fiel de la edición francesa, como evidentemente puede comprobar cualquiera que conozca ambas lenguas. A la que he añadido un Apéndice, en el que he dado cuenta de varias de las curaciones extraordinarias que se dice que se han realizado tanto en su tumba como en otros lugares, en favor de aquellos que invocaron su intercesión y le pidieron que rezara por el alivio de sus respectivas enfermedades, que he tomado en parte del Apéndice a la edición francesa de su vida y en parte de cartas originales enviadas desde Roma y otros lugares.

Ya he visto en el Gazetteer y en el New Daily Advertiser del 5 de octubre de 1784 un pretendido extracto de una carta de un caballero inglés de Boulogne, fechada el 27 de septiembre, en la que el escritor publica las ficciones de su propio cerebro bajo el título de los milagros de Benito. Digo las ficciones de su propio cerebro, porque lo que él llama por el nombre de Milagro, N º 1, es cada palabra de ella una falsificación absoluta: ya que nada como esto se menciona, ya sea en el relato impreso de la vida de Benito, o en cualquier carta enviada desde Roma en relación con él. Lo que él llama Milagro, No. 2, tiene ciertamente algún fundamento; pero es, de acuerdo con la práctica común de los ridiculizadores de milagros, tergiversado. En verdad, no me sorprende en lo más mínimo esto; porque, como este verdadero o pretendido escritor de cartas está plenamente convencido de que nunca se obraron milagros en su iglesia, piensa que la única manera de salvar el crédito de su religión es ridiculizar aquellos que Dios se complace, incluso ahora, en obrar en la Iglesia de Roma.

Los que ridiculizan los milagros pueden dividirse en dos clases diferentes. La primera consiste en aquellas personas que, siendo deístas profesos y negando toda religión revelada, ridiculizan los milagros de Moisés, de los profetas y del mismo Jesucristo, así como los de todas las épocas posteriores. La otra consiste en aquellos que se profesan cristianos y creen en los milagros que se registran en las Sagradas Escrituras, pero al mismo tiempo dicen que los milagros han cesado hace mucho tiempo en la Iglesia cristiana.

De los de la primera clase no diré nada ahora, ya que no es mi asunto proponer los motivos de credibilidad para la conversión de infieles profesos. Pero creo que los de la segunda clase no deberían negar y ridiculizar los milagros, simplemente porque en su propia Iglesia no se han realizado milagros; no sea que más adelante se encuentren (como en realidad lo están) en circunstancias exactamente similares a las de los escribas y fariseos, que cerraron sus ojos a la luz que vino a iluminar a los que estaban sentados en tinieblas, y a guiar sus pies por el camino de la paz, y negaron y resistieron los milagros de Jesucristo, que Él realizó mientras estuvo en la tierra, para convencer a la humanidad de que Él era el Mesías prometido, y que si Él no hubiera realizado, no habrían pecado al rechazarlo; pero que habiendo sido realizado, no tenían excusa para su pecado.

Lo que es particularmente notable en esos caballeros, que ridiculizan los milagros que Dios ha continuado haciendo en todas las épocas, por las reliquias y la intercesión de aquellos que le han servido fielmente en la tierra, y ahora son glorificados por Él en el cielo; es que pisan los mismos pasos de los fariseos que rechazaron a Cristo, y su doctrina y milagros. Cuando el hombre que había nacido ciego recibió la vista por el milagroso poder de nuestro Salvador, los fariseos le preguntaron cómo había obtenido la vista...1 Respondió: "Aquel hombre que se llama Jesús, hizo barro, y ungió mis ojos, y me dijo: "Ve al estanque de Siloé, y lávate". Y fui, me lavé y veo. Entonces no quisieron creer que hubiera sido ciego y examinaron a sus padres, para saber si era hijo de ellos y si había nacido ciego. En cuanto a lo cual, cuando sus padres les hubieron dado satisfacción, siguieron sin reconocer el milagro. Y en otra ocasión2 le trajeron a uno endemoniado, ciego y mudo, y lo sanó, de modo que hablaba y veía. Aunque este milagro se hizo en presencia de los mismos fariseos, no quisieron reconocer que el poder procedía de Dios, sino que dijeron: "Este echa fuera los demonios por Beelzebú, príncipe de los demonios". Del mismo modo, aunque se realicen milagros, aunque estén atestiguados de la manera más auténtica, esos fariseos modernos, o bien niegan los hechos, o atribuyen los relatos que se dan de ellos a algún malabarismo solapado, o lo que es más común, se esfuerzan por deshacerse de esas pruebas obstinadas de la Verdadera Religión mediante el ridículo, cuando les fallan los argumentos sólidos.

Pero, dicen ellos, tenemos muy buenas razones para rechazar y considerar como imposturas todos los milagros que se dice que se realizan en la Iglesia de Roma; porque todos esos milagros tenderían a probar que una religión falsa, supersticiosa e idólatra es la verdadera y pura Religión de Jesucristo. Esto mismo muestra aún más cuán de cerca siguen estos caballeros los pasos de los fariseos; y el argumento del que se valen es el mismo que indujo a aquellos a rechazar los milagros de Jesucristo. Lo consideraban un impostor, que se había erigido en el Mesías prometido: enemigo de su ley y fundador de una nueva religión contraria a la Ley de Moisés; habían decidido expulsar de la Sinagoga a todo el que creyera en Él: Consideraban que todos los milagros que hacía tendían a confirmar la nueva religión, falsa según ellos, que predicaba y propagaba; también le acusaban de blasfemia y cogían piedras para arrojárselas por afirmar que era el Mesías y que había existido antes que Abraham; y además declaraban que no podía ser profeta ni venir de Dios porque hacía algunos de sus milagros en sábado, lo que consideraban una profanación de ese día. Y en una palabra, los fariseos judíos estaban tan plenamente persuadidos de que ningún milagro real podía ser obrado en confirmación de la Religión Cristiana que Jesucristo predicaba entonces, como nuestros modernos fariseos cristianos lo están de que ningún milagro real puede ser obrado en confirmación de la Religión enseñada en la Iglesia de Roma. Así como, por una parte, los milagros de Cristo demostraron que Él era el prometido, y su doctrina divina; por otra parte, esa doctrina, que es confirmada por milagros realizados en el nombre de Cristo, debe ser la doctrina que Él enseñó, y por lo tanto está plenamente vindicada de toda aspiración de falsedad o superstición.

La desgracia de los fariseos cristianos, al igual que la de los fariseos judíos, es comenzar a examinar estos temas por el lado equivocado. Es decir, primero establecen como un principio indudable, que la Iglesia de Roma es una Iglesia supersticiosa e idólatra; y de ahí sacan esta conclusión: Que todos los milagros que se dice que se hacen en la Iglesia de Roma, no pueden ser verdaderos milagros, sino que necesariamente deben ser falsificaciones o malabarismos. Es decir, hacen de las doctrinas la prueba para juzgar la verdad de los milagros, en lugar de hacer de los milagros la prueba para juzgar la verdad de las doctrinas. Aunque si reflexionaran sobre lo que leen en su Biblia, encontrarían que el poder de hacer milagros fue dado a Moisés, a los Profetas y a los Apóstoles, para convencer a la humanidad de la verdad de su doctrina, y que fueron comisionados por Dios para enseñarla. Y nuestro Salvador mismo apeló a sus milagros para la verdad de su doctrina, y de su ser el Mesías prometido. Porque, dice Él, "Si no hubiera hecho entre ellos las obras que ningún hombre ha hecho jamás, no habrían tenido pecado; pero ahora no tienen excusa para su pecado."

Pero, dicen ellos, el Anticristo obrará un gran número de señales y prodigios mentirosos, hasta el punto de engañar, si fuera posible, incluso a los mismos Elegidos. ¿Y cómo, pues, sabremos cuáles son milagros verdaderos y cuáles falsos, sino por las doctrinas que enseñan los que hacen esos milagros? Las palabras de nuestro Salvador son muy ciertas: Y la consecuencia que sacan de ellas es también muy verdadera en el sentido y significado propio y peculiar de las palabras de nuestro Salvador; aunque no de acuerdo con el grado en que los protestantes quieren forzarlas. El Anticristo, del que habla nuestro Salvador, como aprendemos de San Pablo, es ese Hombre de Pecado que negará a Cristo, y se erigirá en el Templo de Dios para ser adorado como Dios, y hará todo lo posible para destruir el nombre mismo, así como la profesión pública del Cristianismo. Y siendo asistido por el poder infernal, hará muchos signos y maravillas mentirosas, por lo que muchos serán engañados. Pero los Elegidos evitarán ese engaño, porque sabrán y estarán firmemente convencidos de que, según las promesas de Dios en el Antiguo Testamento, y de Jesucristo en el Nuevo, la Iglesia que Él estableció ha de durar para siempre hasta el fin del mundo. Que no será sucedida por ninguna otra religión, como fue el caso de la Ley de Moisés. Recordarán, además, que Cristo les ha advertido de la venida de este hombre de perdición, y de las señales y prodigios mentirosos que obrará. Y, por tanto, concluirán que aquel que con sus acciones cumple la predicción de Cristo y de sus Apóstoles, al negar a Cristo, al tratar de destruir la Religión de Cristo y al erigirse en el templo de Dios, para ser adorado como Dios, es ese mismo hombre de perdición contra el que les ha advertido. Pero como este hombre de perdición es una sola persona, y como sus procedimientos serán tan diametralmente contrarios a la persona y a la religión establecidas por Cristo, los que creen que Cristo es Dios bendito para siempre, no pueden evitar conocer al Anticristo por estos signos: así que éste es el singular, el único caso en que las doctrinas, una vez establecidas por milagros, han de ser la prueba por la que los cristianos han de juzgar de los signos y prodigios del Anticristo.

Además, no sabemos de qué clase serán las señales y prodigios mentirosos que hará el Anticristo; pero esto sí sabemos, que serán señales y prodigios mentirosos: no verdaderos milagros, como los de Moisés, los Profetas, Cristo y los Apóstoles. Pero siempre que alguien que cree en Cristo y profesa abiertamente su fe hace o hará milagros como los que hicieron Cristo y sus apóstoles, tales milagros son siempre obra de Dios, hechos por el dedo de Dios, y son siempre pruebas infalibles de la verdad de la religión que enseña o profesa.

Aquellos que se profesan cristianos y, sin embargo, niegan y ridiculizan todos los milagros que han sido debidamente avalados y atestiguados, minuciosamente exam-inados y solemnemente aprobados como verdaderos milagros por la Iglesia de Dios, harían bien en considerar qué asidero dan a los deístas y a otros infieles profesos para negar toda religión revelada y ridiculizar como imposturas aquellos milagros que están registrados en las mismas Escrituras. Pues todos los libros del Nuevo Testamento, y por consiguiente todos los milagros que en ellos se registran, nos han sido transmitidos únicamente por el testimonio de la misma Iglesia de Dios. Y por consiguiente, toda la certeza que podamos tener de que son libros escritos por los Apóstoles y por inspiración divina, depende de la veracidad de la misma Iglesia de Dios. Y todos los deístas y otros infieles argumentarán muy razonablemente que si los milagros que se dice que se han hecho desde los días de los Apóstoles son falsos y ficticios, nadie puede mostrar ninguna razón por la que los que se mencionan en la Escritura no deban considerarse de la misma manera: porque si se puede suponer que la Iglesia ha falsificado los relatos de los milagros posteriores que se dice que han sido realizados desde los días de los Apóstoles, con igual propiedad se puede suponer que ha falsificado los relatos de los milagros que se dice que han sido realizados por Cristo y sus Apóstoles; y del mismo modo todo lo demás contenido en los libros que los relatan.

Sólo añadiré que, como los protestantes generalmente pretenden que los milagros que se hacen en la Iglesia de Roma3 sólo se hacen entre ellos, cuando no son necesarios, y donde no se permite una libre investigación sobre ellos, tienen ahora la oportunidad de hacer, por medio de sus corresponsales protestantes que residen en Roma, todas las investigaciones que su curiosidad o su incredulidad puedan sugerir. Pero si piensan que las indagaciones por carta son demasiado molestas o tediosas, y no tienen inconveniente en hacer una pequeña excursión de verano para divertirse, a Amette, o a Hesdigneul, cerca de Béthune, en la Flandes francesa: encontrarán cientos de testigos para atestiguar tanto el estado anterior de enfermedad de Mary Helena Bayard, como su estado actual de salud; así como varios testigos (y entre el resto la propia Mary Helena Bayard) para atestiguar el modo de curación, lo que les convencerá plenamente de que su curación fue realmente milagrosa. Pero si ahora rehúsan o descuidan hacer esta investigación, que no pretendan en lo sucesivo que nunca han tenido la oportunidad de investigar la verdad y la realidad de tales milagros.

1 Juan ix.

2 Matth. xii. 22.

3 Dodwell's Free Answer to Middleton's Free Enquiry into the Miraculous Powers of the Primitive Church. P. 45.

CONTENTS

El nacimiento del Siervo de Dios; su infancia y educación

Francia, que ya es tan famosa en los Anales de la Religión por los grandes y santos hombres que ha producido, puede ahora exultar en el aumento de su gloria por haber producido en nuestra época un hombre extraordinario que, durante todo el curso de su vida, estando oculto entre el vulgo bajo el despreciable velo de una vida pobre, mezquina y abyecta, en el mismo instante de su muerte, irrumpió de la oscuridad; y tanto por el brillo repentino de una multitud de maravillas que la fama ha publicado por todos los países, como por la reputación de una eminente santidad; fija sobre su tumba la admiración de Roma, y la respetuosa atención de todo el mundo católico.

Por estos fieles rasgos, el lector sabrá inmediatamente que me refiero al pobre siervo de Jesucristo, Benedicto José Labre, la relación de cuya vida, a medida que los detalles de la misma se hagan públicos, debería formar una tierna y duradera impresión de religión y piedad en el corazón de todo cristiano.

La diócesis de Boulogne sobre el Mar fue la feliz patria que vio nacer a este ilustre penitente. Nació en la parroquia de San Sulpicio de Amettes, el 26 de marzo de

1748, durante el pontificado de Benedicto XIV, de inmortal memoria, y en el glorioso reinado de Luis XV de Francia.

Su padre, Juan Bautista Labre, y su madre, Ana Bárbara Grandfire, viven aún en condiciones decentes. Dios bendijo su matrimonio y les dio quince hijos, de los cuales Benedict Joseph era el mayor. Su patrimonio y sus negocios les proporcionaron medios suficientes para dar una educación y un establecimiento adecuados a su numerosa familia.

Movidos por un sentimiento de gratitud a Dios por las bendiciones que les había concedido, se aplicaron con diligencia a educar a sus hijos en la inocencia y la santidad, y a darles ejemplo de un comportamiento manso y dócil, que aún sigue distinguiéndoles entre las personas de su mismo rango y condición.

Este Siervo de Dios fue bautizado por el hermano de su padre, el Sr. Francis Joseph Labre, antiguo vicario y después rector de la parroquia de Erin, en la diócesis de Boulogne, que fue también su padrino y le dio el nombre de Benedict Joseph. Su madrina fue Anna Theodora Hazembegue.

Benedicto José tuvo la dicha de tener por maestro a este reverendo eclesiástico, que se encargó de su educación y bajo cuyas instrucciones pasó la mayor parte de su juventud.

Fue formado a la piedad en su infancia, por las instrucciones y ejemplos de sus virtuosos padres, quienes inmediatamente se esforzaron por desplegar los preciosos brotes que la gracia había hecho brotar en su alma, y que rápidamente produjeron los frutos de una vida inocente y santa.

El Siervo de Dios conocía bien el valor y la importancia de esta primera educación; expresó su satisfacción y su gratitud por ella, en una carta que escribió a sus padres desde Montreuil el 2 de octubre de 1769, y les ruega respetuosamente que eduquen a sus hermanos y hermanas según el mismo plan. "Este -dice- es el medio de hacerlos felices en el Cielo, pues sin instrucción no pueden salvarse. Os aseguro que ya habéis acabado conmigo: Os he costado mucho, pero estad seguros de que, con la ayuda de la gracia de Dios, cosecharé el beneficio de todo lo que habéis hecho por mí."

Un juicio sólido, una memoria retentiva, una aprensión rápida hasta la viveza, pero a una viveza templada con una gran dosis de dulzura y docilidad; componían el carácter de Benito José.

En él los primeros albores de la razón parecían entremezclarse y confundirse con los primeros rayos de la gracia divina. Su alma se abrió inmediatamente a una tierna devoción, que orientó hacia Dios sus primeros pensamientos. El Espíritu Santo, para hacerlo más atento a sus inspiraciones, le dio, incluso desde ese momento, un singular amor por la oración y el retiro. Sus padres, en sus deposiciones, dicen que1 siempre observaron en él un desprecio y desdén por las diversiones infantiles.

La Sagrada Escritura da este notable elogio del joven Tobías2, que aunque era el más joven de todos los que componían la tribu de Neftalí, no hizo acciones infantiles. Y S. Bernardo, hablando de S. Malaquías, da cuenta de los primeros años de su vida con las siguientes palabras3: "Su juventud parecía destinada a hacer más amable y a atraer la santa gravedad de los ancianos, a quienes imitaba en su conducta. Por su talante serio y apacible, su dulce y pronta obediencia a sus superiores, su amor al estudio y a los ejercicios de los jóvenes, parecía como si la gracia de Dios hubiera extinguido por completo en él toda inclinación al juego y a las diversiones de los niños. Y todos admiraban en este niño de la bendición, todas las cualidades y virtudes de los hombres que habían alcanzado años de perfecta madurez." Y todos los que daban testimonio de lo que pasó en la infancia de Benito José, le aplicaban el mismo elogio.

Desde que tenía cinco años, mostró un deseo muy ferviente de aprender a leer y escribir. Este afán surgía de una santa impaciencia que experimentaba por conocer mejor los rudimentos de la religión, adquiriendo facilidad para leerlos y escribirlos con su propia mano. Una alegría sensible apareció en su semblante, cuando habiendo aprendido a deletrear, fue capaz de leer claramente las palabras del Padre Nuestro, la Salutación Angélica y el Credo de los Apóstoles.

Las operaciones de la gracia no deben confundirse en modo alguno con lo que es puramente un don de la naturaleza. La moderación, la tranquilidad y la dulce y pacífica disposición, que constituían la parte principal del carácter de Benito José, y que aparecían en él desde su más tierna infancia, eran obras de la gracia, no efecto de la constitución.

Los detalles de su vida proporcionan un gran número de pruebas de que era naturalmente de una disposición viva; pero una profunda humildad, que le hizo desear fervientemente ser desatendido e incluso despreciado por los hombres, echó un velo impenetrable y ocultó a los ojos de la humanidad estas cualidades naturales de su corazón y de su mente.

Siendo descendiente de Adán, pronto percibió que había en el hombre una ley en la carne, guerreando contra la ley de su mente. Y siendo siempre obediente a las mociones de la Gracia Divina, cada asalto de sus pasiones le convenció de que la vida de un cristiano en este mundo es una guerra continua: y que un Soldado de Jesucristo nunca debe deponer sus Armas, hasta el momento en que ha de recibir su corona. De aquí procedió aquella valerosa resolución, que formó desde su infancia, y a la que se adhirió firmemente, de refrenar las primeras mociones de sus pasiones e inclinaciones naturales, y de corresponder siempre a la gracia de Dios, para que en todas las cosas pudiera ser guiado enteramente por las luces y mociones de su Divino Espíritu.

Sus Maestros, sus Padres y otras personas, que lo cuidaron desde su infancia, dan testimonio de que siempre lo observaron como naturalmente (como ellos pensaban) de un temperamento suave, e incluso tímido. Y aquellos que se han esforzado por estudiar y penetrar en los sentimientos y motivos reales de su conducta, consideran este testimonio como una prueba de que en él la Gracia triunfó sobre la Naturaleza. De modo que la humildad que le hacía mezquino y despreciable a sus propios ojos, le hacía esforzarse bajo la apariencia externa de sencillez, por ocultar la violencia de sus conflictos interiores, y el mérito de sus victorias sobre sus disposiciones naturales.

1 Carta de M. Clement, canónigo y secretario del obispo de Boulogne, fechada el 24 de mayo de 1783.

2 Tobías, 1, 4.

3 Agebat senem moribus, annis puer; expers lascivia puerilis, quietus et subditus mansuetudini, non impatiens magisterii, non ludorum appetens. S. Bern; in vita S. Malachiae.

Continuación del mismo tema: Los empleos del Siervo de Dios en su infancia

La infancia de aquellos a quienes Dios ha elegido especialmente para ejecutar los extraordinarios decretos de su Divina Providencia es casi siempre una especie de miniatura de lo que serán cuando lleguen a los años de madurez. Y tenemos una nueva prueba de esta verdad en la vida de Benito.

Correspondiendo a las mociones de la Divina Gracia, que le indicaban a qué clase de vida había sido llamado por Dios, a los cinco años de edad comenzó a ejecutar la resolución de hacer de su alma, tanto como fuera posible, un modelo y copia perfectísima de nuestro Divino Salvador Jesucristo.

Esta era una de sus reflexiones comunes y frecuentes, que un cristiano que sinceramente desea imitar perfectamente y llegar a ser conforme a Jesucristo, debe tener de alguna manera tres corazones, fundados en, procedentes de, y centrados en uno: es decir, uno para Dios, otro para su prójimo, y el tercero para sí mismo.

El primero, dijo, debe ser puro y sincero, tendiendo siempre a un grado eminente de santidad; aspirando continuamente al amor de Dios, con el deseo de servirle, y de someterse con paciencia y resignación a toda aflicción con que le plazca afligirnos en el curso de esta vida mortal.

El segundo corazón, dijo, debe ser fiel, generoso e inflamado de caridad hacia nuestro prójimo, siempre dispuesto a servirle, y particularmente empleado en suspiros y oraciones por la conversión de los pecadores y por el alivio de los fieles difuntos.

El tercero, dijo, debe ser firme en sus primeras resoluciones, austero, mortificado, celoso y valiente, ofreciéndose continuamente en sacrificio a Dios. Tal debe ser el corazón de un cristiano que, siendo discípulo de un Dios crucificado, no permite ninguna gratificación de sus inclinaciones sensuales, sino que mantiene su cuerpo en sujeción mediante las saludables severidades de la abnegación; y está persuadido de que la felicidad de la otra vida será proporcional al desprecio que en esta vida ha tenido por este cuerpo pecaminoso al que está encadenado; y al valor y resolución con que lo ha mantenido clavado en la Cruz.

En fin, dijo, estos tres corazones, o afectos, deben estar tan unidos como para hacer uno solo, que debe ser amable con todos, amigo de la paz, y sobre todo verdaderamente humilde: porque quien construye sobre cualquier otro fundamento que no sea el de la humildad, construye sobre arena. Tales eran las grandes ideas que desde la más tierna edad abrigaba este hijo de la Gracia acerca de la perfección de la vida cristiana.

Para formar en sí mismo, con la ayuda de la gracia divina, este primer Corazón, que debía estar dedicado enteramente al amor divino: tomó por regla de su conducta, una pureza de conciencia fácil de alarmarse y aterrorizarse aun con las faltas más leves; tal horror al pecado que le hacía temer y evitar las más leves ocasiones de tentación, una correspondencia exacta con toda inspiración divina, y una fe viva y activa continuamente atenta y fija en su divino modelo.

Conforme a su idea de formar un corazón inflamado de caridad para con su prójimo, tomó la resolución de expresar siempre los verdaderos sentimientos de su alma, con sencillez, franqueza y candor; de excluir de sus pensamientos todos los juicios y sospechas temerarios; de amar a sus prójimos con amor desinteresado; y de ofrecerse a servirles por todos los medios que su celo pudiera sugerir; pero sobre todo, de ayudarles con sus oraciones, que era el medio que estaba más a su alcance, y que al mismo tiempo le parecía el mejor y más eficaz.

Y para formar en sí mismo un corazón que fuera conforme al de su Salvador crucificado, resolvió hacer su práctica indispensable, castigar su cuerpo y someterlo, mediante la privación de todas las satisfacciones sensuales, mediante el ejercicio de continuas abnegaciones y mortificaciones, y tratándolo con mucho desprecio; para así prevenir cualquier rebelión de la carne contra la ley del Espíritu.

Nada puede ser más edificante que estas máximas que estableció como fundamento de una vida evangélica, y a las que percibió en sí mismo una vocación particular. Su primera máxima era desconfiar por igual de sus propias fuerzas y confiar en los socorros de la gracia de Dios; la segunda, aplicarse sin cesar a adquirir un verdadero conocimiento de Dios y de sí mismo; la tercera, morir a sí mismo para vivir sólo y según la vida de su Salvador crucificado; y la cuarta, revestirse valientemente de la armadura de Dios, que es la oración, la mortificación, la renuncia al mundo y a sus peligrosas seducciones y, sobre todo, la soledad interior y la vida de oración, que es la escuela de la verdadera sabiduría y siempre ha sido fecunda en producir almas santas y evangélicas.

Decir cuáles fueron sus máximas y sus resoluciones es lo mismo que decir cuál fue la práctica continua de su vida. El testimonio de sus padres prueba con qué exactitud observó estas máximas desde su más tierna edad.1 En proporción, dicen, a medida que avanzaba en edad, aumentaba también en sabiduría ante Dios y ante los hombres. "En proporción", dicen, "a medida que avanzaba en edad, aumentaba también en sabiduría tanto ante Dios como ante los hombres".

En su infancia, en lugar de otros juegos infantiles, solía hacer pequeños oratorios, lo cual era un presagio de aquella devoción que, durante todo el curso de su vida, le inclinó a considerar como un favor particular el que se le permitiera servir al sacerdote en la celebración de los Sagrados Misterios. Una práctica por la que, como atestiguan sus padres, siempre sintió un gran deseo.

El respeto por las iglesias fue otra de las virtudes que destacó especialmente en su infancia. Impresionado por la majestuosidad de esos lugares sagrados y por la santidad de los venerables misterios que en ellos se celebran, nunca entraba en ellos sino con un grado de reverencia que edificaba a todo el que los contemplaba.

Cuando un alma está libre de todo afecto terrenal y llena de Dios, a quien la vivacidad de su fe representa en estado de inmolación sobre los altares; cuando un alma es verdaderamente sensible y está verdaderamente agradecida por todos sus favores, ¿dónde puede tal alma experimentar más dulzura celestial que en los templos y ante los santos altares? Después de los primeros esbozos que hemos dado de la infancia de Benito, no debemos sorprendernos de lo que aprendemos de una multitud de testigos, tanto con respecto a su prontitud y diligencia en asistir al Servicio Divino, como con respecto a la tierna devoción y santo afán con el que buscó la instrucción en los principios del Cristianismo. Las principales ocupaciones, y casi los únicos deleites de este Siervo de Dios en su tierna edad, eran escuchar, leer y meditar en la palabra de Dios.

En Francia, y principalmente en los lugares rurales, los domingos y días festivos, después de haber asistido al oficio vespertino de la Iglesia, es costumbre de la gente pasar el resto del día en diferentes recreaciones. El acatamiento y el respeto que Benito profesaba a la voluntad de sus padres y de sus amos parecen haber sido los únicos motivos que le llevaron a estas diversiones públicas2: "pero sin ningún gusto o inclinación por estas diversiones; al contrario, las abandonaba con frecuencia para ir a conversar con personas más ancianas y serias".

Hay un gran número de niños cuyo vértigo y ligereza son inconquistables; se fatigan por su vivacidad natural, y cada día forman nuevas inclinaciones y con el mayor afán persiguen todo objeto de placer que se presenta a su imaginación. Hay también otros cuya indiferencia por los placeres no procede más que de una mera estupidez del alma, y cuya aparente gravedad precoz no es más que el efecto de una disposición melancólica. Pero la gravedad y el recogimiento del joven Labre, y su retiro de las diversiones ordinarias de los de su edad, procedían de un motivo puro y exaltado. Porque siempre que la obediencia o la urbanidad lo convertían en una especie de deber, se entregaba de buen grado a diversiones inocentes. Era, dice su tío M. Vincent, "siempre alegre en sus recreaciones y contento con sus compañeros".

Si durante su infancia no encontramos en él ninguno de los defectos de los niños, si no encontramos en él nada de ese vértigo, de esa ligereza, de esos deseos impacientes, de esa aversión a las cosas espirituales, de esa repugnancia al trabajo, de ese amor a la libertad y a la independencia que generalmente observamos en otros niños, esto sólo puede atribuirse a Dios, que se complació en iluminar su incipiente razón y en inclinarle a despreciar las imperfecciones y las locuras ordinarias de aquella edad: y para instruir a su joven alma en el conocimiento de los medios que eran más adecuados para frenar su vivacidad natural, y frenar los primeros brotes de amor propio. Esto sólo puede atribuirse a la gracia de Jesucristo, que se dignó hacer de él un modelo de la más profunda humildad; a su debido tiempo le hizo comprender y reflexionar seriamente sobre aquella palabra que siempre dirige a aquellos a quienes llama a un estado de perfección. "Aprended de mí, que soy manso y humilde de corazón".

Al mismo tiempo, el joven Labre comenzó a mostrar un temprano deseo y gusto por el silencio y el retiro. Porque el Espíritu Santo, que se complació en elegir entre una clase de hombres a los que nuestro orgullo y vanidad miran con desdén, un modelo sorprendente de vida devota y contemplativa: desde entonces comprometió a Benito a seguir su vocación, y le enseñó por una feliz experiencia, de qué manera los placeres que proporciona la comunicación con la humanidad, dejan un vacío en el alma, que ha comenzado a unirse a su Dios por el silencio y el retiro.

Sin embargo, esta disposición seria y serena del Siervo de Dios no impidió a nadie notar en él, e incluso en su semblante, signos de una disposición libre y abierta, y un fondo de alegría que le era natural, que conservó toda su vida, y cuya influencia percibía todo el que le miraba con atención.

La edad de la infancia terminó en él mucho antes que en la generalidad de los niños. Pues su afición al retiro aumentaba en proporción a su afición a la lectura y a la facilidad con que podía satisfacer esa inclinación. Desde entonces, las diversiones no le parecieron más que una pérdida de tiempo. Y siempre que se dedicaba a ellas, era sólo como consecuencia de la obediencia que prestaba a los mandatos de sus Superiores.

Cuando supo leer, dice su tío, "muy rara vez se dedicaba a juegos o recreaciones, pues en lugar de tomar estos inocentes placeres, solía retirarse a leer algún libro piadoso". Y en esta época también su tío comenzó a notar algunos brotes de las virtudes de abnegación y desprecio de sí mismo, que más tarde crecieron y brillaron en él en un grado eminente.

Lleno de entera confianza en el paternal cuidado del Todopoderoso, estaba siempre contento, y se limitaba a recibir con gratitud lo que sus padres se complacían en darle, sin pedir nada, ni siquiera lo necesario para su subsistencia. Durante todo el curso de su vida nunca se apartó de esta abdicación de todas las cosas terrenales que había resuelto y practicado desde su tierna edad. Pero esto, que en su infancia fue en él una especie de noviciado hacia aquel estado de pobreza evangélica que practicó con tanto rigor durante el resto de su vida: en aquel tiempo sólo se miraba como efecto de una natural timidez.

1 Deposición de su Padre y Madre.

2 Deposición de su Padre y Madre.

Sus primeros ESTUDIOS

El deseo que manifestaba de aprender a leer y escribir indujo a sus padres a enviarlo, a los cinco años, a las escuelas de Auteuil, donde tuvo como primer maestro al Sr. D'Hannoch, vicario de esa parroquia, que entonces dirigía esas escuelas y que más tarde fue nombrado rector de la parroquia de Bouvard. Permaneció bajo su cuidado hasta que tuvo entre siete y ocho años.

Cuando hacemos de la santa voluntad de Dios el motivo y el fin de todas nuestras acciones, entonces cada una de nuestras obligaciones nos parece indispensable: y nuestro celo nos proporciona cada día tiempo y habilidad para cumplir esas obligaciones con regularidad y diligencia. Si Benito fue un modelo de religión y piedad para los otros niños con los que se educó, les dio un ejemplo igual y edificante de docilidad y prontitud en el cumplimiento de los deberes propios de las personas de su edad.

La carta de M. D'Hannoch es una prueba conmovedora de la impresión que dejó en su alma la visión de las virtudes incipientes del joven discípulo de este muchacho. "Siempre le conocí -dice en una de sus cartas- como un niño de una admirable buena disposición, y de una singular y ejemplar diligencia en el cumplimiento de los deberes correspondientes a su edad, y dotado de todas las buenas cualidades que podría desear encontrar en un niño; y lo que hizo que su recuerdo fuera tan querido para mí, que durante el espacio de unos ocho y veinte años desde que me dejó nunca dejé pasar ninguna oportunidad de preguntar por él; tanto esperaba que algo bueno le acompañaría."

A esto se añade la declaración de Francisco José Forgeois, que dice1, "que observó en este niño, que se distinguía de todos los demás de su edad, por su modestia, su piedad, su docilidad, su mansedumbre, su tranquilidad, y su afán de aprender a leer, y de aprender los primeros principios de la religión." Y Bartholomew Francis de la Rue, otro de sus maestros declara, que "observó en él mucha piedad, docilidad, mansedumbre y complacencia por su maestro; que nunca tuvo ocasión de tener miedo de su maestro; como siendo sensible a que nunca le había dado ocasión de ofenderle. Además, declara que él mismo estaba tan satisfecho de la conducta de Benito, que no recuerda haber dicho ni hecho nunca nada que pudiera contrariarle".

Dios ha querido que la educación de Benito en los primeros años de su vida fuera confiada a varios maestros sucesivamente para que por ese medio se multiplicaran los testigos de las virtudes y gracias extraordinarias con las que fue favorecido en su infancia. Él, de manera particular, poseía todas las virtudes propias de aquella edad: una escrupulosa diligencia en el cumplimiento de sus deberes, amor al estudio, respeto a sus padres, docilidad y obediencia a sus maestros y urbanidad con todos. Pero lo que parecía estar mucho más allá de la capacidad de un niño, y que sin embargo era el carácter singular de Benito, era incluso en aquel tiempo un sensible amor al retiro y al recogimiento, un notable desprendimiento de su corazón de todo afecto a las cosas terrenales, una inclinación reinante a la piedad y, por decirlo todo en una palabra, un conocimiento anticipado de ese verdadero cristianismo que todo lo hace por amor a Dios; que tiende continuamente hacia Dios, y que en todas las cosas se esfuerza por imitar la pobreza y humildad de su Salvador crucificado.

No pretendamos en modo alguno medir la sabiduría de Dios con la escala diminuta del entendimiento humano. Dios es maravilloso en todos sus santos. Su Providencia brilla sobre Su Iglesia en cada época con gran resplandor, y de tal manera que la hace cada vez más visible. Con toda probabilidad, la razón por la que Dios impartió a Benito, siendo todavía un infante, gracias tan extraordinarias, fue para convencernos, mediante nuevos ejemplos capaces de despertar nuestra adormecida fe, de que Su Iglesia, que siempre es santa, nunca dejará de tener santos de todas las épocas, así como tiene santos en todos los estados y condiciones de vida.

1 Francisco José Forgeois era criado del Sr. D'Hanotel.

— · —

RELATO DE LA JUVENTUD DE

BENEDICTO. SU CONDUCTA BAJO LA

DIRECCIÓN DE SU TÍO: SU PRIMERA COMUNIÓN

San Bernardo describe con estas notables palabras la transición de San Malaquías del estado de infancia al de juventud.

"La juventud de San Malaquías fue completamente idéntica a su infancia. Conservó la misma pureza, la misma sencillez, la misma inocencia moral. La única diferencia que podía observarse en él en esas dos etapas diferentes de su vida era que en su juventud albergaba un deseo aún mayor de crecer en sabiduría y en gracia tanto con Dios como con los hombres: de tal manera que, además de las obligaciones comunes que le incumbían, asumió ciertas devociones y observancias particulares; y por este medio se elevó a un grado de virtud y santidad al que era difícil que otros llegaran".1

Podemos observar una sorprendente semejanza entre este elogio que San Bernardo hace de la adolescencia de San Malaquías, y las expresiones que los padres de Benito usaron para dar cuenta de la conducta de su hijo, desde su infancia hasta que tuvo unos doce años, que fue el tiempo en que dejó la casa de su padre, y fue puesto bajo el cuidado de su tío el Reverendo Rector de Erin.

Podemos ver en esta feliz semejanza entre estos dos personajes, y con una satisfacción que bien puede animar nuestra fe, que es siempre el mismo Espíritu Divino quien hace santos: y que aunque los frutos de sus gracias puedan ser diferentes, según la diferencia de las edades y estados de las personas a quienes los imparte; sin embargo, que la fuente, el fundamento y la sustancia de la santidad de donde proceden estos frutos, es la misma en todas las edades y en todos los estados: y que por una disposición particular de su divina Providencia, sucede a veces que los niños llamados en su infancia y en la primera hora a una vida de santidad, y que perseveran fieles a su vocación, pueden ser propuestos como modelos a aquellas personas que parecen no oír hasta las últimas horas de su vida aquella voz de Dios que no cesa de llamarles a una vida de santidad.

Esta conclusión se desprende naturalmente de la idea formada en nuestras mentes, por la multitud de testimonios de la conducta de Benito en el curso de su infancia y de su juventud. "Sus padres, en particular, declaran que durante el tiempo que permaneció bajo su cuidado, les dio constantes pruebas de una piedad sincera; asistiendo a los Oficios Divinos y a las instrucciones con un grado de atención y reverencia verdaderamente edificante; de sabiduría y prudencia, al no decir ni hacer nunca nada impropio; de obediencia, al hacer siempre lo que se le ordenaba, con alegría y prontitud; de paz, al comportarse siempre con su padre, su madre, sus hermanos y hermanas de tal manera que nunca les daba motivo de inquietud u ofensa; y de una paciencia maravillosa, al soportar las debilidades e imperfecciones de su padre, su madre, sus hermanos, sus hermanas y los de su edad; manteniendo siempre un semblante sereno y alegre a pesar de lo que le dijeran o hicieran; y esto hasta tal punto, que hacía que los que habían sido culpables, se avergonzaran de sus actos. Una disposición (añadieron sus padres) que hacía a este niño muy querido y amable para ellos, como también lo era para todos los que le conocían".

Los padres del joven Labre, encantados con las buenas cualidades de su corazón y de su alma, pensaron que debían concurrir a los designios de Dios sobre él, procurándole, junto con el conocimiento de la lengua latina, una educación superior a la que podría obtener mientras permaneciera en casa de su padre.

M. Labre, que era a la vez su tío y su padrino, recibió de manos de sus padres esta joven planta, que ya había proporcionado tan prometedoras esperanzas a todos los que lo habían tenido bajo su cuidado, y le había dado los primeros cultivos. Benito consideró durante toda su vida como un singular favor de la Divina Providencia que en la edad más crítica de su juventud hubiera sido confiado al cuidado y afecto de este digno eclesiástico, en quien encontró a la vez un preceptor, un director espiritual, un amigo y un modelo para su iniciación.

Estando el Siervo de Dios en el duodécimo año de su edad, su virtuoso tío pensó que debía comenzar su curso de educación disponiéndole a hacer su primera Comunión; y por lo tanto le dio aviso para que se preparara para ello.

Ante esta noticia, su alma se llenó de sentimientos de alegría, de amor, de humildad y de un santo temor. Estas palabras del Apóstol: "Pruébese el hombre a sí mismo, y coma así de aquel pan celestial", eran el tema más común de sus pensamientos. Durante mucho tiempo había suspirado por esta felicidad, por la que, mediante una larga práctica de meditación, había adquirido la mayor estima. Antes de la llegada de este feliz día, se esforzó por limpiar y purificar su alma mediante una confesión general. Y ésta fue la primera de las cinco o seis confesiones generales que hizo a lo largo de su vida.

El método que siguió para prepararse al Sacramento de la Penitencia es tan edificante que sin duda será agradable y útil hacer un relato particular de él.

El venerable Benito, persuadido de que sin la gracia de Dios no podemos hacer nada, ni siquiera descubrir nuestras propias faltas para verlas bajo la luz en que debemos considerarlas, imploró primero la luz del Espíritu Santo, y le rogó no sólo que le trajera a la memoria sus pecados con todas sus diferentes circunstancias, sino también que le descubriera el verdadero estado de su alma, sus inclinaciones e inclinaciones.

Después de esto examinó seriamente el estado de su conciencia, procediendo según el orden de los Mandamientos, y de las virtudes correspondientes a cada Mandamiento;

examinando y comparando su vida y todas sus acciones, desde el tiempo en que había hecho su última Confesión.

Cuando examinaba su conciencia para una Confesión General, dividía su vida en tantos espacios de tiempo como confesiones generales había hecho después de su primera Comunión: y entonces comenzaba por la última época, y volvía en orden regular desde ésta hasta la primera.

En el curso de este examen tuvo especial cuidado de no hacerse juez de sus propias acciones; esto lo consideraba competencia y privilegio del Ministro de Jesucristo. Y por lo tanto, para no transgredir sus propios límites, explicó qué tentaciones había experimentado, y cómo se había comportado bajo ellas; así como qué gracias especiales había recibido de Dios Todopoderoso, y dio cuenta particular de la manera en que había correspondido a ellas.

Terminado el examen de conciencia, recurrió de nuevo a la oración humilde y ferviente para obtener de Dios una verdadera contrición de corazón, y se esforzó por excitar esta contrición en su alma, mediante una seria consideración de todos los motivos que la Fe sugiere como conducentes a ella. Sobre todo se esforzaba por excitar en su alma un dolor por el pecado fundado en aquellos motivos que lo convierten en contrición perfecta, considerando el pecado como una ingratitud cometida contra Dios, una desobediencia a Su ley y un ultraje ofrecido a Su santidad infinita y esencial. Y en su acusación contra sí mismo conservó orden, claridad, precisión, humildad y sinceridad, en un grado admirable.

Después de esto escuchó las palabras de su Confesor con gran respeto, sometiendo sus propias opiniones privadas a sus decisiones, siendo dócil a sus instrucciones y venerando su palabra como oráculos enviados del cielo.

Antes de recibir la Absolución se inclinó; y, humillándose durante algún tiempo en presencia de Dios Todopoderoso, renovó su dolor por sus pecados, y se esforzó por excitar en su alma los más vivos actos de contrición; después de lo cual levantó modestamente la cabeza para dar a entender a su Confesor que ya estaba preparado para recibir la absolución.

Estaba persuadido en su mente, y frecuentemente repetía a otros esta idea, que decía haber aprendido de Santa Teresa, de que una multitud de cristianos se hunden en miserias eternas haciendo confesiones sacrílegas. Distinguía a los pecadores que se confesaban en tres clases: los perfectos penitentes, los imperfectos penitentes y los falsos penitentes, que le parecían formar tres procesiones de personas que, al salir del sagrado tribunal de la penitencia, tomaban cada una un camino diferente.

La primera clase, que constaba de muy pocos, estaba compuesta de verdaderos penitentes: éstos eran los que, habiendo sondeado hasta el fondo las heridas de su alma, las habían manifestado con sinceridad y sin disimulo; habían abrigado por ellas un sincero dolor; las habían llorado con lágrimas verdaderamente penitentes; y sin haber descuidado ninguna de las condiciones necesarias para una buena confesión, se habían esforzado después en aplacar la justicia divina, con sus ayunos, sus oraciones, sus limosnas y otras mortificaciones y ejercicios de piedad añadidos a las obras penitenciales que les habían ordenado los ministros de Dios; y se habían esforzado, cumpliendo fielmente las condiciones exigidas para la obtención de las indulgencias, en suplir lo que aún les faltaba para cumplir toda justicia. El Siervo de Dios consideraba a estos santos penitentes como revestidos de un manto blanco y luminoso: que en el momento de su muerte son llevados al cielo, y entran triunfantes en los Tabernáculos eternos del Dios vivo.

La segunda clase, todavía muy escasa, pero más numerosa que la anterior, estaba compuesta por penitentes imperfectos, que tenían sus vestiduras teñidas de un color rojo. Estos eran los que habían cumplido fielmente con las condiciones esencialmente necesarias para una buena confesión, y no habían hecho inútil la gracia de la penitencia. Pero confiando demasiado en el perdón que habían obtenido, habían mostrado después muy poco celo en realizar las obras penitenciales que les había prescrito su confesor, y habían descuidado recurrir a las Indulgencias, que su tierna y compasiva madre la Iglesia ofrece a sus hijos penitentes y reconciliados, para ponerlos en el camino de suplir su propia insuficiencia de satisfacer la justicia divina por sus pecados. El cielo, dijo, permanece cerrado a sus deseos de entrar: y son empujados hacia el purgatorio para completar esa satisfacción, que la Justicia Divina demanda, y para ser enteramente purificados de todo lo que ha contaminado sus almas.

Los falsos penitentes, que componían la tercera clase, y que era mucho más numerosa que las dos anteriores, se le aparecieron como vestidos con ropas sucias e inmundas: Eran aquellos que, bien por precipitación y extraordinaria negligencia en el examen de conciencia, bien por carecer de verdadera contrición o de firme propósito de enmienda, bien por falta de sinceridad en el reconocimiento de sus pecados, bien por estar dominados por un miserable temor o vergüenza, ocultaban voluntariamente alguna parte de sus pecados; y por ese medio manchaban sus almas con las mismas aguas de aquel sagrado baño que tenía por objeto devolverles su pureza original: Estos le parecían hipócritas sacrílegos, que iban al infierno por el mismo camino que debía conducirlos al cielo.

Estos pensamientos imprimieron fuertemente en la mente de Benito un pavor y horror al pecado. Y contribuyeron a preservar y defender su inocencia contra las tentaciones, y a hacerle beneficioso el uso de los Sacramentos, a los que recurría para purificarse de sus pecados.

Una confesión general hecha según el método de Benito es, sin duda, una excelente preparación para la primera comunión. A esta preparación añadía también la meditación, la oración y algunos actos particulares de mortificación.

Sabemos, dice Santo Tomás2, qué efectos produce el Pan bajado del Cielo, cuando es recibido en un alma bien preparada para ello. Como es el pan de los ángeles, nos hace puros como ellos; como es la sangre de Dios, en cierto modo nos transforma en Dios; como es el árbol de la vida, plantado en el corazón de los fieles, no deja de producir inmediatamente tanto las flores que exhalan el buen olor de los verdaderos discípulos de Jesucristo, como los frutos abundantes de toda virtud cristiana.

Los que la gracia de su primera Comunión produjo en este siervo de Dios, se manifestaron inmediatamente por un aumento sensible de su fervor y piedad, y por una unión más estrecha y perfecta con Dios; pues desde este momento dirigió todos sus pensamientos y afectos hacia el cielo, esforzándose continuamente por hacer de su alma un vivo modelo de Jesucristo, y aspirando continuamente a tal grado de perfección, que pudiera decir con el Apóstol: Vivo yo, o mejor dicho, no soy yo, sino Cristo quien vive en mí. Pero su inclinación a las obras de penitencia y mortificación era aún más sensible, pues desde entonces comenzó a observar con escrupulosa exactitud todos los días de ayuno señalados por la Iglesia; y tal era su templanza y amabilidad en este punto, que prefería pisar bajo sus pies los frutos más deliciosos del huerto de su tío, antes que ofrecerse a probar cualquiera de ellos, que eran los más capaces de seducirle.

Su amor al prójimo era aún más ardiente, pues ahora empezaban a notar que se privaba del sustento necesario para llevar secretamente a una pobre mujer la comida que le daban para su propio alimento, y de este modo, en un mismo acto, practicaba las dos virtudes cristianas de la penitencia y la limosna.

Tuvo también un amor aún más evidente por la soledad y el retiro, pues desde entonces empezó a sentir un desprecio total por el mundo, y todos sus pensamientos y conversaciones se volvían hacia el Cielo. A partir de este momento su único deleite fue "permanecer al pie de los Altares, o en una pequeña casa de verano a cierta distancia de la vivienda de su tío, y donde estaba casi continuamente ocupado en la lectura de libros de Piedad".

1 Et ejus quidem pueritia sic erat. Porro adolescentiam simili transtulit simplicitate & puritate; nisi quod crescente aetate, crescebat simul sapientia et gratia apud Deum & homines. Nisi quod præter initiativa communia, multa singulariter faciebat, in quibus potius præibat omnes, & aliorum nemo poterat ad tam ardua sequi. S. Bern. in vita S. Malachiae.

2 S. Tomás, Opusc. de Ven. Sacr. Alt.

Sentimientos de estima que el tío y los compañeros de escuela del Siervo de Dios sentían por él

Sucede comúnmente que un hombre virtuoso se gana un ascendiente, y una cierta clase de autoridad natural sobre aquellos con quienes vive, que le procura tanto su estima como su respeto; y que casi siempre tiende a promover la piedad y la virtud entre ellos.

Después de la descripción que ya hemos hecho de las cualidades y virtudes de este Siervo de Dios, no debemos asombrarnos de ninguna de las cosas que se cuentan de él, de la impresión que su conducta causó en los corazones de aquellos que fueron testigos presenciales de sus acciones, ni de los sentimientos y muestras de amistad, estima y respeto que le mostraron.

"Los niños, dice el señor Emadon, rector de Erin, le mostraban por lo menos tanto respeto como a su amo a causa de su piedad". Este testimonio concuerda con el de M. Clement, quien dice que "los niños observaban en él algo que les inspiraba más respeto que la presencia de su propio Maestro".1 Así lo atestiguan también muchos de sus antiguos compañeros de escuela, cuando fueron interrogados por separado sobre la manera en que solía comportarse en su juventud, y cuyas declaraciones están contenidas en la carta del Reverendo Rector de Erin. Dice: "Todos ellos (Joseph Bissell, James Le Gay y James Louis Thuilliers) han declarado y me han asegurado que siempre le observaron ser muy prudente y ejemplar en su conducta; que les reprendía severamente cuando les veía hacer o les oía hablar algo impropio o contrario a los mandamientos de Dios; que era muy piadoso, modesto y devoto en la Iglesia; que asistía constantemente a todos los oficios divinos, sin moverse nunca; que siempre se aplicaba diligentemente a la lectura de buenos libros; que en lugar de comer la comida que le daban, con frecuencia se la daba a algún pobre por la ventana; que cuando iba a dar un paseo o a cualquier otro recreo con su tío el rector, llevaba consigo algunos libros de piedad, y los leía mientras caminaba; y en una palabra, que durante todo el tiempo que vivió en la parroquia de Erin, nunca le vieron hacer, ni le oyeron decir nada que fuera en modo alguno impropio, o contrario a las buenas costumbres. "

Junto a la dulzura que fluye en el alma de un cristiano piadoso al conversar con Dios en la oración, no puede experimentar ninguna mayor que la de oír a Dios hablarle por medio de buenos libros; en cuyo empleo el siervo de Dios empleaba cada momento de tiempo que podía encontrar vacante de otra manera. Entre los libros que pertenecían a su tío, encontró los Sermones de Père le Jeune el Oratoriano, que es también y más comúnmente conocido por el nombre de Père l'Aveugle.

La fuerza de su razonamiento, fundado enteramente en la evidencia del buen sentido, la suavidad encantadora de su estilo florido, la simplicidad, y si puedo llamarlo así, la popularidad de sus expresiones, produciría naturalmente en un alma dispuesta como la de Benedicto, una cierta clase de placer interesado, fluyendo de una conformidad del sentimiento; y que en efecto produjo en él. Por lo cual hizo de los Sermones de este predicador sus libros favoritos: los tuvo continuamente en sus manos, y una grande y feliz memoria conservó durante toda su vida, las depositadas verdades de la moral cristiana, que la frecuente lectura de estos Sermones había impreso profundamente en su alma.

El temor y el amor son los dos resortes que más poderosamente actúan sobre el corazón humano. Y Père le Jeune hace uso de ellos con mucha fuerza y patética sensibilidad, particularmente en sus dos sermones, sobre el Infierno, y sobre el pequeño número de los Elegidos. Estos sermones causaron una impresión muy profunda en el alma de este piadoso joven; y tanto más, cuanto que los leyó en un momento en que empezaba a pensar seriamente en elegir un estado de vida, y esto le hizo redoblar su fervor en sus oraciones, y rogar a Dios que le dirigiera por Su gracia a elegir aquello a lo que Su Divina Providencia se complaciera en llamarle.

El piadoso joven estaba a punto de entrar en el decimoquinto año de su edad. Y una conciencia delicada y tímida, un corazón valiente y un alma generosa, educados desde su infancia en las máximas más puras y sólidas de la Piedad y la Religión, le inclinarían naturalmente a abrazar un estado que pudiera proporcionar a su ardiente espíritu los medios más probables para elevarle al máximo grado de perfección humana. Su inclinación a la soledad, su retiro y separación del mundo, su amor a la oración y a los ejercicios de piedad, que la frecuente participación de los Santos Sacramentos aumentaba cada día más en él, orientaron inmediatamente sus pensamientos hacia un estado religioso de vida. Y los signos de su vocación a este estado parecían más seguros, ya que durante varios años se había ejercitado en la práctica constante de la pobreza, la humildad y la penitencia.

Decidido a elegir entre las diferentes casas religiosas, una en la que su inclinación por la práctica de estas tres virtudes pudiera satisfacerse más fácilmente, se dirigió inmediatamente a la Abadía de La Trappe, famosa por haber abrazado la regla original y el espíritu de la Orden de San Bernardo, y en la que ese espíritu se mantiene con gran edificación hasta el día de hoy. Después de haber intentado de nuevo, por medio de humildes y fervientes oraciones, conocer cuál era la voluntad de Dios a su respecto, y suplicado su divina dirección, dio a conocer su deseo e intención a su Tío.

Este virtuoso eclesiástico le aconsejó que abriera el asunto a su padre y a su madre. Un joven piadoso será siempre respetuoso, tierno y sumiso con sus padres. Benito era el mayor de una familia numerosa, y sus padres siempre lo habían considerado como el hijo que iba a ser su principal consuelo y apoyo en su vejez. Y como iba a heredar un patrimonio decente, pensaron y empezaron a mirar a su alrededor para ver cómo podían fijarlo en un estado feliz y pacífico; pero se afligieron al oír esta resolución de su hijo. La ternura de su madre se conmocionó, especialmente cuando mencionó la

Abadía de la Trappe. Opusieron a sus deseos tal resistencia, que sus más fervientes ruegos no lograron vencer. El humilde joven consideraba su negativa como una de las pruebas que la Divina Providencia se complacía en poner a prueba su virtud. Su pronta obediencia le prohibió toda murmuración; volvió a su tío para ponerse de nuevo bajo su dirección, y resolvió, redoblando su fervor, esforzarse por obtener de Dios, que un día le concediera aceptar el sacrificio y la dedicación de sí mismo, (que deseaba hacer) a su Divino Servicio.

1 Carta del Sr. Emadon, Rector de Erin.

El Siervo de Dios regresa a la

parroquia de Erin, donde permanece

hasta el año 1766

A veces sucede que las decepciones y las contradicciones debilitan las resoluciones de un hombre y lo hunden en el abatimiento. Pero lo que Benedicto experimentó cuando sus padres le negaron su consentimiento para ir a la Abadía de la Trappe, por el contrario contribuyó a redoblar su fervor, e inspirarle un mayor apego a sus deberes, un mayor amor por la oración y por la lectura de buenos libros, una mayor circunspección en sus palabras, una mayor reserva en su conducta, una mayor simplicidad en sus modales, una mayor separación de los placeres mundanos, y un mayor deseo de unir su alma más estrechamente a Dios por una frecuente participación de los Santos Sacramentos.

La casa de su tío era para él una especie de monasterio, donde, en la medida en que su situación se lo permitía, observaba una pobreza religiosa, el silencio de un claustro y toda la regularidad de una comunidad religiosa. Su sumisión y pronta obediencia a la voluntad de su tío, era como la de un religioso a su superior. Acostumbrado ya a las austeridades de una vida penitente, observaba rigurosamente todos los días de ayuno ordenados por la Iglesia, aunque, por no haber cumplido aún los veintiún años, estaba exento de la ley del ayuno. Tal fue la conducta de este siervo de Dios durante los dos años y medio que pasó en Erín, cuyas virtudes aún están frescas en la memoria, son muy apreciadas y frecuentemente mencionadas por los habitantes de aquel lugar, la mayoría de los cuales fueron testigos presenciales de su conducta. Y las pruebas que les dio de su caridad para con ellos, harán que por mucho tiempo le estén agradecidos a su memoria.

Una cruel epidemia asoló aquella parroquia, de modo que todas las casas estaban llenas de personas enfermas, hasta el punto de que apenas había nadie capaz de suplir las necesidades de los enfermos, o de atenderlos y servirlos. Estas y otras desgracias semejantes a que está sujeta la naturaleza humana, dan casi siempre a la Religión motivo de triunfo, porque ofrecen siempre al verdadero cristiano ocasiones de ejercitar sus virtudes, pues apenas sabe cuán valiosa es su vida, sino en el momento en que tiene ocasión de sacrificarla a Dios, sirviendo a sus hermanos.

El virtuoso tío demostró en esta ocasión que su celo y amor por sus feligreses era ilimitado; y la caridad de este piadoso joven le inspiró valor y resolución para afrontar cualquier peligro. Ni el tío ni el sobrino tuvieron descanso por la noche, después de la fatiga del día; pero cada uno, sin relajación alguna, fue de aquí para allá a prestar socorro, dondequiera que el peligro los llamara; de modo que no hubo un solo enfermo en toda la parroquia, que no fuera visitado, servido, consolado y asistido.

En los lugares rurales, el ganado constituye una gran parte de la fortuna de los pobres granjeros, de tal manera que perder su ganado es para ellos un mal casi tan grande como perder sus propias vidas. Benito lo sabía, y por eso se esforzó en prestarles todo el servicio que estaba en su mano, dividiendo sus trabajos, en parte en el cuidado de los pobres enfermos, y en parte en el cuidado del ganado que les pertenecía.

Mientras que su tío, enteramente ocupado en el ejercicio de su oficio pastoral, exponía su vida visitando y consolando a los enfermos, y se despojaba de todo lo que valía para socorrer a sus pobres feligreses, este caritativo joven realizaba para ellos los servicios más abyectos y laboriosos. Cuidaba de su ganado, limpiaba sus establos; y a él, que por la vida que había llevado con su tío, y cuya educación parece haberle prohibido emplearse en trabajos serviles, se le podía ver con frecuencia corriendo unas veces a los jardines, otras a los campos, y volviendo cargado de verduras, hierba y forraje para el ganado y otros animales, cuyo cuidado había asumido él mismo, y que les distribuía con sus propias manos.

Así pues, nunca se ejerce una gran caridad sin obtener la debida recompensa. Dios, que lleva cuenta de cada vaso de agua fría que se da en limosna por amor de Él, sin duda no lo olvidará jamás; pero ¡cuán distintos son los pensamientos de Dios, y cuánto más excelsos, que los pensamientos del hombre! El mundo da a veces riquezas o títulos de honor como recompensa de servicios pasados; pero Dios envía con frecuencia a sus amigos nuevas cruces que soportar, como recompensa de lo que ya han hecho o sufrido por Su causa. Y qué es esto sino el cumplimiento de aquellas palabras de nuestro Salvador: Ay de aquellos que han recibido su consuelo aquí, por las cuales nuestro infinitamente sabio y buen Dios nos da a entender que Él no confunde el tiempo del combate con el tiempo del triunfo y de recibir la recompensa de nuestras victorias, sino que la recompensa más preciosa por los servicios pasados que un cristiano debe desear, mientras continúe en esta vida, es la de nuevas ocasiones de servir y cumplir la voluntad de Dios aquí, y así merecer una corona más gloriosa en el más allá.

Así fue como Dios se complació en tratar a este siervo suyo. El desorden epidémico cesó después de un tiempo, pero el exceso de fatiga había agotado totalmente las fuerzas del digno rector de Erin. Un ataque de enfermedad, que fue la consecuencia de ello, en pocos días lo llevó fuera de este mundo, para gran pesar de los habitantes de la parroquia, que durante mucho tiempo lamentaron la pérdida de su digno pastor.

¡Qué golpe fue éste para Benito, y en qué situación quedó! Dios le había privado de un maestro, de un protector, de un segundo padre. En su casa encontró un retiro, que en gran medida alivió el pesar que experimentó al encontrar los monasterios cerrados contra él, por la negativa de sus padres a dar su consentimiento. Pero la muerte de su tío le dejó casi sin apoyo, y parecía presagiar nuevos obstáculos para seguir su vocación. El Siervo de Dios vio toda la extensión de su pérdida; sin embargo, su valor aumentó con su confianza en Dios; y el Espíritu Santo, hablando interiormente a su alma, le hizo comprender que un cristiano nunca es más fuerte que cuando no tiene otra confianza que en Dios solo.

REGRESA A CASA DE SUS PADRES Y VUELVE A INTENTAR OBTENER SU CONSENTIMIENTO PARA IR A LA TRAPPE.

La idea y la representación de su tío en las agonías de la muerte quedaron profunda y perdurablemente impresas en la mente de este Siervo de Dios, y en cierto modo estaban continuamente ante sus ojos. Es en esta escuela de la contemplación de la muerte donde los verdaderos cristianos se forman para la virtud. Ese importante momento descubre el verdadero valor del Tiempo y de la Eternidad. Porque para un hombre sabio que busca la verdad con sinceridad de corazón y que, ante la tumba de una persona que le fue querida en otro tiempo, lee con atención la fragilidad de la vida del hombre y la vanidad del mundo, Dios se convierte inmediatamente en el único objeto de sus deseos. Este tipo de reflexiones contribuyó a despertar en Benito los pensamientos de retiro, y el deseo de soledad, para no tener otra cosa que hacer que trabajar por la salvación de su alma. Su humildad le inclinaba a creer que el verdadero obstáculo para el éxito de sus esperanzas y esfuerzos era su propia indignidad; y por esta razón, utilizó todos los medios posibles para que Dios Todopoderoso le fuera propicio. Aumentó el número de sus oraciones y redobló el fervor en sus devociones. Y mediante la práctica de obras de penitencia y mortificaciones particulares, sentó profundamente las bases de aquella vida de pobreza, austeridad y abnegación, que más tarde llevó a tan alto grado de perfección.

Fue entonces cuando hizo su segunda confesión general, a fin de prepararse para llevar una vida más santa, más unida a Dios y más digna de ser admitido en un estado religioso, que era el objeto constante de sus deseos.

El Siervo de Dios, habiendo regresado de nuevo a sus padres después de la muerte del venerable Rector de Erin, aprovechó esta ocasión para solicitar su consentimiento para entrar en una casa religiosa; y que le dieran permiso para ir a la Abadía de La Trappe. Pero ahora se encontró con un segundo rechazo, aún más fuerte que el que había experimentado antes; en particular de su madre, que se vio alentada en su negativa, por la oposición concurrente que toda la familia hizo a su propuesta.

Pero ya con dieciocho años, pensó que podía mostrar más firmeza y resolución, sin desviarse en absoluto del respeto debido a sus padres. Les insistió con fuerza en la necesidad de seguir su vocación y les hizo ver que las razones que escandalizaban su ternura y les comprometían a esforzarse por desviar sus pensamientos de la resolución que había tomado de elegir ir a La Trapa, debían, por el contrario, animarles: porque, decía, una inclinación constante a un estrecho retiro y a los ejercicios de las santas austeridades de una vida penitencial, es el signo más seguro de una vocación al estado religioso.

Los padres de Benito, que siempre habían sido muy religiosos, temían que si resistían más tiempo a los deseos de su hijo, probablemente se encontraría que habían resistido a lo que era la voluntad de Dios. El Siervo de Dios, como consecuencia de esta idea, obtuvo finalmente su consentimiento y su bendición. En consecuencia, los dejó, y la fatiga de un largo viaje no hizo más que aumentar su celo, y el fuego de vivir una vida pobre y mortificada.

¡Qué multitud de sentimientos de alegría se presentaron en el alma del Siervo de Dios tan pronto como llegó a la vista de la Abadía de La Trappe! Ahora se creía seguro del objeto de sus deseos; pero aquí encontró una nueva prueba de su virtud, donde esperaba haber encontrado un lugar de descanso y reposo. Esta Abadía había perdido últimamente un gran número de sus miembros; y para adaptar la capacidad de sus súbditos a la severidad de sus reglas, los Superiores habían juzgado prudente no admitir a ninguna persona como nuevo miembro, sino a aquellos cuya constitución natural estuviera ya absolutamente formada, y fueran capaces de observar las severidades de su regla. Benedicto llegó poco tiempo después de que se hubiera dictado este nuevo reglamento. Y no se juzgó apropiado dispensar de esta regla, tan pronto después de hacerla, para admitirlo a prueba; y por lo tanto no pudo obtener la admisión.

El pesar que experimentó como consecuencia de esta negativa no puede ser expresado. Le sobrevino una pena viva y punzante, pero la soportó con la paciencia y la resignación propias de un verdadero cristiano. Pero como el permiso que había obtenido de sus padres se refería particularmente a su ingreso en la abadía de La Trapa, en la que no podía ser recibido entonces, regresó inmediatamente a casa de su padre, para esperar con sumisión a los decretos de la Divina Providencia, un momento más favorable para llevar a cabo su proyecto.

Uno de sus tíos, que era entonces Vicario de la Parroquia de Couteville y Rector de las Escuelas allí establecidas, fue deseado para continuar su educación y perfeccionarlo en el conocimiento de la lengua latina. Encontró aquí en M. Vincent, todo lo que había perdido por la muerte del digno Rector de Erin. El testimonio que da de las virtudes del Sr. Vicente el Rvdmo. Sr. Obispo de Boulogne, nos da una opinión de él muy superior a cualquier otro elogio.1 Este digno Eclesiástico consideró siempre a su sobrino como un modelo de virtud. En seguida lo amó con tanto afecto como si fuera su propio hijo. Y Benito no le fue a la zaga, sino que proporcionó todos los motivos de consuelo a su tío, con su docilidad y sus esfuerzos por sacar provecho de sus instrucciones y su ejemplo. El relato que el propio Sr. Vicente hace de su alumno, nos excusa de dar cualquier otro relato particular de su conducta. Basta transcribir una parte de la declaración jurada de este virtuoso sacerdote, actualmente rector de la parroquia de La Pelle.

"Benedicto José -dice- se hizo querer desde su más tierna edad, por su gran dulzura, de la que ha dado muchas veces pruebas en Coutteville, entre algunos alumnos a los que yo enseñaba entonces. Había uno, un joven muy turbulento, que sabiendo que era de carácter pacífico, solía divertirse frustrándolo y mortificándolo: pero él nunca se le resistió ni con palabras ni con acciones. Ha ejercitado su paciencia hasta tal punto, que, en vez de resistirse, o hacer alguna queja contra él, ha sufrido estar muy molesto con el frío en invierno. He observado en Benedicto, mucha piedad, e inclinación a leer buenos libros. Las obras de Père L'Aveugle le han dado esta inclinación, y este deseo ardiente de llevar una vida penitente: él las ha leído varias veces: y como él tenía un juicio sano, y una buena memoria, él ha impreso en su alma, las verdades que él tomó nota de en estos libros." El Padre Le Jeune se había hecho famoso por las misiones que ocuparon su celo durante casi todo el curso de su vida. La estima que Benito tenía por sus obras excitaba naturalmente en su alma un amor por los sacerdotes que se dedicaban a esta función, tan laboriosa como respetable. Habiendo llegado algunos misioneros a la diócesis de Boulogne, para comenzar su predicación en Bocaval, Brias, Zoillecourt y Recquignies, el piadoso joven los siguió en estas diferentes parroquias y no pensó en otra cosa que en la salvación de su alma. Contemplando el celo que estos padres (que pertenecían a la congregación de la Misión establecida por San Vicente de Paúl) demostraban al esforzarse por convertir a los pecadores de sus malos caminos y llevarlos a una vida de virtud y santidad, se dirigió al señor Chomault, que era uno de los miembros de esa congregación, y en aquel momento superior del Seminario de Boulogne, y le rogó que escuchara su confesión general, que era la tercera que hacía en el transcurso de su vida.

Benito, que cada día suspiraba por la soledad y un lugar de retiro, se sintió conmovido al ver que sus esperanzas se retrasaban tanto. Como no tenía la edad apropiada para ser admitido en La Trapa, pensó que no encontraría tantos obstáculos si solicitaba ese favor en algún convento de cartujos. Esto se lo comunicó a su Director, quien aprobó su designio, y el piadoso joven regresó a Amette para ponerlo en conocimiento de sus padres y pedirles su consentimiento para llevarlo a cabo.

1 "Señor, entre las cartas que le envío, hay una del Sr. Vincent, tío del Venerable Benito José Labre. Su testimonio debería impresionarle mucho más, ya que es uno de los sacerdotes más dignos que conozco. Su extraordinaria piedad, su vida austera, su caridad generosa y compasiva para con los pobres, le han granjeado la estima y la veneración del público hasta tal punto, que en los lugares donde es conocido, ya es canonizado por la voz del pueblo; pues comúnmente le llaman, no señor Vicente, sino San Vicente", obispo de Boulogne. Carta del 18 de junio de 1783.

— · —

EL SIERVO DE DIOS VUELVE A ENCONTRAR

NUEVOS OBSTÁCULOS; SU ENTRADA EN EL

ESTADO RELIGIOSO, TANTO POR PARTE DE

SUS PADRES COMO

DE LOS CARTUJOS

DE LONGUENESSE Y MONTREUIL.

Los padres de Benito, habiendo consentido en que siguiera su inclinación de abrazar un estado religioso en la Abadía de La Trappe, tenía buenas razones para esperar que no se opondrían a su inclinación de entrar en otra orden cuyas reglas fueran menos severas. Pero se equivocó, pues sus padres se opusieron a su entrada en un convento de cartujos tanto como antes se habían opuesto a su ingreso en La Trapa. No dejaron de representarle las ventajas temporales que abandonaba con tal resolución, la incertidumbre del éxito en su empresa, la temeridad de abrazar un estado de vida que podría no ser capaz de llevar, y la utilidad que podría ser para su familia al ayudar a sus padres en la educación de sus hermanos y hermanas, y lo que debía conmoverle aún más, el amor de sus padres, y la ayuda y el apoyo que podría prestarles en el futuro, en caso de que por cualquier desgracia imprevista se vieran reducidos a la angustia, y cualquier otro motivo que pudiera mostrar cuán aflictiva sería para ellos la separación y el sacrificio que quería hacer de sí mismo a Dios.

Pero la aversión que abrigaba contra el mundo, el deseo de renunciar a todas las cosas por amor de Dios, y de no vivir más que por amor de Él, habían echado raíces tan profundas en el corazón del siervo de Dios, que no le permitían dejarse influir por motivos mundanos o humanos, ni dejar que su resolución fuese vencida por meras apariencias de bien, o posibilidades de cosas que no era probable que sucediesen en efecto.

Al mismo tiempo, se encontró con otro obstáculo en el que nunca antes había pensado, y que por segunda vez hizo inútil el consentimiento que había obtenido de sus padres. En efecto, cuando fue al convento de los cartujos de Montreuil, el prior lo recibió con buen talante y afabilidad, le habló con cordialidad y le dio pruebas de su estima y afecto; pero terminó su conversación objetando su juventud, y diciéndole que tal era la costumbre de la casa que no podía ser admitido hasta que hubiera estudiado filosofía al menos durante un año, y además hubiera aprendido la música gregoriana llamada canto llano. Pero para consolarlo, añadió que en cuanto estuviera capacitado en esas dos cosas, lo recibiría con gusto. Benedicto expresó su gratitud por esta complaciente promesa que le había hecho el Prior, y dejó Montreuil con la intención de volver con sus padres, pero fue informado de que el Convento de los Cartujos en Longueness era una casa donde con toda probabilidad podría ser recibido con mayor facilidad. El Siervo de Dios, como consecuencia de esta información, se dirigió a Longueness, y el éxito que allí encontró respondió a sus deseos. El prior lo recibió favorablemente y lo admitió a los ejercicios del noviciado.

Esta época de la vida del Siervo de Dios, para aquellas almas a las que Dios llama a un estado de extraordinaria perfección, es una fuente de gran instrucción: fue una de las pruebas más duras que jamás experimentó; porque las austeridades corporales no son nada cuando se comparan con la angustia del alma. Esta soledad que había sido el objeto por el que tanto había suspirado, a la que se precipitó a la vez con tanto ardor y tanta alegría, esta soledad que había mirado como una verdadera tierra de promisión, pronto la encontró como una tierra de problemas y aflicción, un desierto seco y estéril.

Los maestros de una vida interior y espiritual conocen, y sólo ellos pueden describir bien ese estado de oscuridad, y a veces de terrores y angustias, por el que Dios conduce frecuentemente a aquellas almas que destina a alcanzar un alto grado de perfección. Este es uno de los medios de que se sirve su divina Providencia para poner en las almas escogidas los cimientos profundos de la humildad, para hacerlas morir a sí mismas, para despojarlas de toda confianza en sí mismas o en los demás, a fin de que después pueda unirlas estrechamente a sí por medio de la contemplación y del amor.

El alma que abriga un amor ardiente, tiende siempre a la unión con el objeto de su amor; y es por medio de la contemplación, que el amor conduce al alma a la unión con su objeto amado.

La primera gracia que mueve las almas de los cristianos llamados a un estado de perfección, es un rayo de luz divina que les revela el conocimiento de Dios, y el conocimiento de sí mismos. Empleada en la contemplación de estas dos cosas, el alma se convence pronto de que Dios es el ser de los seres, y la criatura una mera nada: ve por una parte la inmensidad de la grandeza de Dios, y por otra el abismo de su propia miseria; una santidad inmensa, y un abismo de pecado; un amor inmenso, y un abismo de ingratitud.

Es así como el Alma compara lo finito con lo infinito; la enormidad del pecado con la idea que se forma de la santidad infinita de Dios; el castigo del pecador con la justicia infinita de Dios; la ingratitud o el poco amor que los hombres sienten por Dios, con la caridad infinita de Dios para con los hombres; la negligencia con que ordinariamente cumplen sus deberes para con su Creador, con la perfección con que su Ley exige que se cumplan; la severa cuenta que un día han de rendir de sus acciones, con el número infinito de las gracias y favores que han recibido de Dios; y la debilidad e insuficiencia de su arrepentimiento con la multitud de sus ofensas e imperfecciones.

Pero el ojo del Alma, que es el entendimiento, no puede permanecer mucho tiempo fijo en la contemplación de este doble abismo de la grandeza de Dios, y de la miseria del hombre; no puede abarcar de una vez la distancia infinita que hay entre Dios y el pecador, y poner estos dos objetos en un solo punto de vista, sin ser inmediatamente abrumado por la angustia y la confusión. Asombrada por la contemplación de las perfecciones divinas y de sus propias imperfecciones, el alma no percibe en sí misma más que manchas, suciedad, frialdad, ingratitud y debilidad. Dios en ese momento parece retirarse del Alma, y permite que sea por un tiempo entregada a temores y terrores.

El Alma, oprimida entonces por estas reflexiones, se oprime aún más a sí misma; la tristeza, la sequedad y el asco destierran todas las satisfacciones sensibles del Alma. Cuanto más se detiene en estas reflexiones y piensa que no puede escapar a la ira de Dios, tanto más ama a Dios, sin ser consciente de que lo ama; y cuanto mayor es el horror que siente por el pecado, tanto más se persuade a sí misma de que está infectada por él.

Entonces es cuando una especie de oscuridad espiritual se extiende sobre el Alma y oscurece el entendimiento. Dios, cuya naturaleza misma es la misericordia, sólo aparece entonces como un Dios de justicia infinita. Un Dios que es infinitamente amable, aparece como un Dios de severidad, terrores y venganza. Un Dios que siempre está dispuesto a perdonar a los pecadores penitentes, aparece como un Dios que está dispuesto a castigarlos por sus crímenes. Y un Dios que hace uso de esta sustracción de consuelo sólo como medio para probar la humildad y fidelidad de sus siervos, aparece como un Dios que los desecha y abandona.

Estos terrores pasan de la imaginación al corazón del hombre: comienzan a surgir las tormentas de la angustia y la ansiedad, los terrores de la eternidad hacen una profunda impresión en su alma: todos sus pensamientos parecen estar llenos de horrores, desolación y angustia; y agotadas todas sus fuerzas por estos terrores y aprensiones, el alma parece caer en una especie de agonía. Pero en este mismo momento, cuando se cree al borde mismo de la perdición eterna, cesa la prueba: Dios disipa las nubes de las tinieblas, restablece la calma y da paz, consuelo y fuerza al alma afligida.

Así es como Jesucristo ha hecho beber del cáliz de los sufrimientos que padeció en el Huerto de los Olivos a aquellas almas escogidas que después condujo al Calvario, para que murieran con Él y fueran crucificadas para el mundo y el mundo para ellas. Por esta dura, por esta severa, pero saludable prueba de su fidelidad, condujo Dios a Job, a David y a Jeremías; y en estas últimas edades a Santa Teresa, a San Ignacio de Loyola y a San Francisco de Sales.

Benito José estaba llamado a pasar sucesivamente por estos diferentes estados de la vida interior y espiritual, y a llegar a la unión con Dios por medio de la oración y la contemplación. Por lo tanto, fue de acuerdo con la disposición ordinaria que la Providencia había decretado para el progreso de las almas llamadas a la perfección, que se sometió a esta prueba: su fe y sumisión a la voluntad de Dios ya se había ejercitado durante algunos años, y fue uno de los principales medios de los que Dios se sirvió para cimentarlo bien en la humildad, y para aumentar su inclinación a las austeridades de una vida penitente y mortificada.

Es principalmente a esta causa a la que debe atribuirse su salida del convento cartujo de Longuenesse. Porque a pesar de la rigurosa exactitud con la que se observa la Regla de S. Bruno en esa casa, le parecía todavía demasiado suave y fácil a este humilde penitente; quien, herido por el temor a los juicios de Dios, y considerándose uno de los mayores pecadores, imaginaba que no podría salvar su alma a menos que abrazara una orden más austera. Posiblemente también una vida sedentaria, y un retiro tan profundo, no convenían a su constitución y disposición, que eran naturalmente vivas y activas. Sea como fuere, la angustia interior que experimentó, y las esperanzas de obtener un día su admisión en la Abadía de La Trappe, renovaron todas sus antiguas ideas y afecto por esa Casa, y le inclinaron a pensar que Dios no le había llamado a hacer su Profesión Religiosa en esta de Longuenesse. La abandonó, pues, después de seis semanas de noviciado.

Su primer cuidado fue ir a contar todo lo que había pasado a su confesor, para darle cuenta del poco éxito que había experimentado en su intento, y del estado de su alma abatida y afligida. El celoso Director, que tenía mucha experiencia en los caminos de Dios y en la dirección de las almas, pronto lo liberó de sus problemas y ansiedades, y le devolvió la paz mental; y le aconsejó que regresara a la casa de su padre, y allí esperara lo que la Providencia se complaciera en ordenar con respecto a él, y lo pusiera en ejecución.

El Siervo de Dios regresa a Annette, y experimenta nuevas oposiciones por espacio de dos años

Se dice que la victoria siempre aumenta tanto nuestra fuerza como nuestro valor. Esto se verificó en este Siervo de Dios, quien, habiendo superado las tentaciones con las que había sido tan violentamente agitado; después de que esta tormenta felizmente se había calmado, encontró que era capaz de hacer todas las cosas a través de Aquel que lo fortaleció. Porque las nuevas pruebas por las que tuvo que pasar poco después, mostrarán cuán necesaria era para él su confianza en Dios, y esa firmeza y resolución de alma que era el efecto de esa confianza.

Aunque había abandonado el claustro, se creía llamado por Dios a una vida de pobreza y mortificación. Esta era evidentemente su vocación. Nunca dudó de ella y, por eso, aunque había vuelto con sus padres, tomó la resolución de vivir de acuerdo con ella por todos los medios a su alcance. Por esta razón, inmediatamente comenzó a añadir obras extraordinarias de mortificación a sus ayunos y oraciones. Su madre, cuya ternura y afecto por él, la hacían cada vez más vigilante y atenta con él, pronto lo percibió, y se quejó mucho de ello. Muchas veces descubrió que, en lugar de dormir en su cama, había pasado noches enteras tendido en el suelo de la habitación. Ella temía los efectos de este tipo de mortificación, y exclamó en contra de una especie de fervor de penitencia que ella consideraba irrazonable, indiscreto, y susceptible de perjudicar su salud. La respuesta que dio a su madre, cuando ésta le reprendió por ello, fue modesta y llena de respeto, pero demostraba que seguía firme e inquebrantable en su resolución: "Dios -dijo- me llama a llevar una vida penitente y mortificada, y es conveniente que empiece a cumplir su divina voluntad".

Su resolución de seguir su vocación a una vida penitente era tan firme e inque- brantable, que cuando su madre un día se negó a consentir que dejara su casa, por temor a que una vez que se hubiera ido, no pudiera encontrar medios de subsistencia; él sin ninguna vacilación le dijo: "Déjame ir, madre, viviré de raíces como antes vivían los anacoretas; pues, por la gracia de Dios, aún podemos vivir de la misma manera que ellos".

Estos temores y quejas de su madre no se mantuvieron en secreto por mucho tiempo. No dudaba de que, comprometiendo a otras personas para que se pusieran de su parte, tendría más probabilidades de hacerlo obedecer y de quebrantar la resolución de su hijo, que había llenado su alma de asombro.

Así fue como vecinos, amigos y casi toda la familia, con buena intención, se unieron para levantar una especie de persecución contra él, con el fin de hacerle abandonar sus proyectos. Le reprochaban continuamente su pretendida obstinación en molestar, afligir y alarmar a una familia por la que debía sentir la mayor gratitud y afecto. Le representaban la inutilidad de tantos pasos que ya había dado, y viajes y pruebas que ya había hecho, y que no habiendo tendido todos a nada, sino a aumentar los gastos de su educación, hacían sospechosa su pretendida vocación. Y a veces, haciendo uso de amargos reproches, se esforzaban por abatirlo y disuadirlo con expresiones severas y punzantes.

Pero éste es siempre un método débil para intentar vencer la constancia de un hombre sinceramente humilde. Aunque Benito fue siempre sumiso y obediente a sus padres en todo lo que no chocaba con su vocación, pensaba que su fidelidad en seguir la inspiración de Dios no iba en modo alguno en detrimento del amor y respeto que profesaba y debía a sus padres: por eso, lleno de confianza en la persuasión de que su primer deber era seguir la llamada de Dios, se mantenía tranquilo en medio de la tempestad que le rodeaba, y nunca dejaba de conservar el buen humor, e incluso la alegría, que le eran naturales.

Dios bendijo esta constancia y humildad cambiando las opiniones y disposiciones de sus padres. Persuadidos de que una resistencia más prolongada sólo serviría para afligir a su hijo, a quien amaban y cuya virtud respetaban, resolvieron facilitar la ejecución de sus piadosos designios.

—·—

SE DEDICA AL ESTUDIO
DE LA FILOSOFÍA
Y DE LA MÚSICA
ECLESIÁSTICA. SU
CONDUCTA MIENTRAS
ESTUVO CON EL

SR. DUFOUR, QUE
ENTONCES ERA

VICARIO DE LIGNI Y

AHORA ES RECTOR DE ANCHI-AUX-BOIS.

Benedicto, habiendo alcanzado los veinte años de edad, pensó que era necesario fijarse en algún estado de vida, y liberar a sus padres de cualquier otro cuidado o gasto a causa de su educación. Su corazón suspiraba siempre por la abadía de La Trapa: su deseo de llevar una vida penitente y mortificada le hacía preferirla a cualquier otro retiro; pero una santa impaciencia por dedicarse sin demora al servicio de Dios, y su situación con respecto a sus padres, no le permitían esperar hasta la edad en que pudiera ser recibido en aquella Casa.

Además, sus angustias interiores habían vuelto a agitar su alma. Benito, que era humilde y mortificado, que había pasado el tiempo de su juventud en el retiro, la oración, el ayuno y la renuncia a los placeres sensuales, todavía se percibía penetrado de un vivo temor a los juicios de Dios y se consideraba a sí mismo como un pecador merecedor de odio y desprecio; es más, consideraba incluso sus mismas imperfecciones, como pecados de los que no podía esperar el perdón, sino a condición de entregar su cuerpo para someterse a una rigurosa penitencia durante todo el curso de su vida. Se consideraba a sí mismo fuera de su elemento, mientras no estuviera en algún austero lugar de retiro; y consideraba perdido para la eternidad, todo el tiempo que voluntariamente continuara en el mundo.

La promesa que le había hecho el Prior de los Cartujos de Montreuil, de recibirle tan pronto como hubiera aprendido Lógica y Música Eclesiástica, le hizo desear estar en condiciones de cumplir estas dos condiciones. Como consecuencia de este deseo, se dirigió al Sr. Dufour, que era entonces Vicario de la Parroquia de Ligny, y después Rector de la de Anizy-aux-Bois, quien se comprometió a instruirle en estas dos ciencias. El Maestro, encantado con las virtudes y buenas cualidades del discípulo que la Providencia le había dirigido, lo trató más como a un amigo que como a un erudito, y le dio entera libertad para seguir el plan de conducta y los ejercicios de piedad que él mismo se había prescrito.

El estudio de la música eclesiástica era muy agradable a su inclinación, por la relación que tenía con el culto de Dios; por lo que el joven se aplicó a ello con diligencia y placer.

Pero no fue así con respecto a la Lógica. Inmediatamente se dio cuenta de la poca inclinación y disposición que tenía para esta ciencia. A pesar de todos los esfuerzos de su maestro para explicarle todo lo que era difícil en ella; a pesar de todos los esfuerzos que él mismo hizo para corresponder a la buena voluntad de su maestro, nunca fue capaz de vencer la repugnancia que experimentaba en sí mismo cada vez que tenía que aplicarse a esta rama del estudio. Sin embargo, pronto llegó a ser capaz de pasar los exámenes a los que tenía que someterse; pero esto no se debía tanto a su aplicación como a una cierta facilidad de comprensión que le era natural.

Benito permaneció tres meses con M. Dufour, dividiendo su tiempo casi enteramente entre la oración y la lectura; alimentando su piedad con ayunos, ejercicios penitenciales y privándose de todo, incluso de placeres inocentes. Llegado a una edad en la que se le permitía establecer un plan para su propia conducta, se impuso la ley de abstenerse absolutamente de ellos. Desde entonces, nadie pudo convencerle de que asistiera a los recreos que se celebran los domingos y días festivos en las parroquias rurales, una vez finalizado el servicio vespertino de la iglesia.

En cierta ocasión, uno de sus condiscípulos tuvo la idea de hacerle romper este plan de conducta y llevarlo al lugar de estos recreos públicos. Para ello, recurrió a todos los argumentos que su genio podía sugerir para persuadirlo y obtener de él que fuera al menos por una vez, y fuera de conformidad. Pero todos sus esfuerzos resultaron infructuosos, y el siervo de Dios continuó fiel a la ley que había establecido para su propia conducta.

Tan pronto como se encontró suficientemente instruido en la Música y la Lógica de la Iglesia, inmediatamente, y sin demora, se dirigió al Convento de Montreuil e imploró el favor de ser recibido en esa Casa.

Llega a Montreuil y continúa algún tiempo en esa

Casa, en calidad de Postulante

El Prior de Montreuil, estando seguro de que Benito había cumplido suficientemente con las condiciones que le había exigido, no tuvo dificultad en recibirlo en
su Casa, para probar su vocación por un tiempo en calidad de Postulante, antes de
admitirlo al Hábito de la Orden. La soledad de Montreuil proporcionó inmediatamente a Benito un placer y una satisfacción semejantes a los de un general victorioso
después de haber sostenido un largo, violento y dudoso combate, o a los de un
hombre que, tras una larga y ferviente búsqueda de riquezas y honores, ve por fin
coronados sus esfuerzos por el éxito. Las austeridades de la Regla, la duración de los
Oficios Divinos, las Vigilias nocturnas, la variedad de los ejercicios que se sucedían
sin interrupción, ocuparon al principio toda la actividad de su celo; y aquí encontró
la lectura, la oración, el retiro y los ejercicios penitenciales, suficientes para satisfacer
todos los deseos de su alma. Una sensible alegría que se manifestaba en su semblante,
indicaba la paz de su mente y el contento de su corazón. Este consuelo le hizo aún más

ferviente, mediante una escrupulosa asiduidad en el cumplimiento de sus deberes y de todas las observancias de la Casa. Pero esta calma duró poco. Nuevas tempestades comenzaron a surgir: y fue por su propio fervor, que los problemas y la inquietud comenzaron de nuevo a tener lugar en su mente.

Benito se entregó inmediatamente a seguir su inclinación a la meditación, y tomó por tema ordinario de sus pensamientos, la infinita santidad de Dios, la grandeza de sus obligaciones para con Dios, y la multitud de gracias y favores que había recibido de él. Su imaginación era viva, y su conciencia delicada y timorata: y como el ojo que ha estado largo tiempo fijo en el deslumbrante esplendor del sol meridiano, en el momento en que se vuelve de nuevo para ver las cosas de la tierra, no percibe más que una especie de confusa oscuridad; Así le sucedió a Benito, que estando ocupado en meditar sobre la infinita santidad y la infinita bondad de Dios, sobre la perfección y pureza de su ley, y sobre la grandeza de su amor por el hombre, cuando después vino a echar un vistazo a su propia alma, no vio en ella sino manchas, sino ingratitud, y sujetos de temor y terror. Las mismas verdades, la misma angustia interior que había experimentado en Longuenesse, le afligieron de nuevo. La Regla de San Bruno le parecía hecha sólo para los solitarios que habían conservado su inocencia bautismal; pero él la consideraba demasiado suave para un pecador como se veía a sí mismo.

Su cuerpo pronto empezó a sentir los efectos de esta agitación e inquietud mental; y estaba demasiado vivo para ocultarlo durante mucho tiempo. Los buenos Religiosos lo percibieron; se compadecieron, consolaron y se esforzaron por animar al piadoso joven a poner su confianza en Dios; pero, pensando que no estaba destinado por Dios a abrazar su Instituto, le aconsejaron que abandonara su Casa. Y en consecuencia, después de seis semanas de prueba, la abandonó el dos de octubre de 1769.

El mismo día escribió una carta a sus padres para informarles de su partida. Su carta, que es un monumento edificante de su piedad, describe, mucho mejor de lo que nosotros podríamos hacerlo, tanto la vivacidad de su fe como la bondad de su corazón. Es la siguiente:

Carta del Siervo de Dios a sus padres

"Mis queridos Padre y Madre,

La presente es para comunicaros que los Cartujos, no habiéndome juzgado persona apropiada para su estado de vida, dejé su casa el día dos de octubre. Considero esto como una orden de la Divina Providencia que me llama a un estado aún más perfecto. Ellos mismos me han dicho que es la mano de Dios la que me ha retirado de permanecer con ellos. Ahora tengo la intención de ir a La Trappe, el lugar que he deseado tanto y tan fervientemente. Les pido perdón por todas mis desobediencias y por todos los disgustos que en algún momento les he causado. Os ruego que ambos me deis vuestra bendición, para que el Señor me acompañe. No dejaré de rogar a nuestro buen Dios por vosotros todos los días de mi vida; y os ruego particularmente que no os inquietéis por mi causa. Por encima de todas las cosas, cuida de la instrucción de mis hermanos y hermanas, y particularmente de mi hijo Dios. Por la gracia de Dios, en adelante no os ocasionaré más gastos ni os causaré más inquietud. Me encomiendo a vuestras oraciones. Actualmente me encuentro bien y no he dado ningún dinero a los criados de la Casa, ni me he marchado hasta después de haber frecuentado los santos Sacramentos. Sirvamos bien a Dios, que nunca nos abandonará. Presta especial atención a la salvación de tu alma. Lee las obras del Padre l'Aveugle, y cuida de practicar lo que enseña. Este es un libro que señala el camino del cielo; y sin hacer lo que dice, no se obtendrá la salvación. Medita bien sobre los terribles tormentos del infierno, que los condenados soportarán por una eternidad sin fin, y que serán el castigo, incluso de cualquier pecado mortal, que tan fácilmente se comete. Esfuérzate por pertenecer al reducido número de los Elegidos. Te devuelvo las gracias por toda la bondad que me has demostrado y por todos los buenos oficios que me has hecho, por los que espero que Dios mismo te recompensará. Procurad a mis hermanos y hermanas la misma educación que me habéis dado a mí; éste es el medio de hacerlos felices en adelante en el cielo: pero sin instrucción no podrán salvar sus almas. Os aseguro que ya os habéis librado de mí. Ciertamente os he costado mucho; pero tened la seguridad de que, por la gracia de Dios, haré el mejor uso y sacaré provecho de todo lo que habéis hecho por mí. No os aflijáis de que haya dejado a los cartujos, pues no es lícito resistirse ni repugnar a la voluntad de Dios, que lo ha ordenado para mi mayor bien y para la salvación de mi alma. Os ruego que deis mis saludos a mis hermanos y hermanas: dadme vuestra bendición, y nunca os daré motivo de inquietud. Ese buen Dios, cuyo sagrado Cuerpo y Sangre recibí antes de partir, será mi guía y me asistirá en la empresa que Él mismo me ha inspirado. Tendré siempre el temor de Dios ante mis ojos y su amor reinando en mi corazón. Tengo muchas esperanzas de ser recibido en

La Trappe; pero si no lo consiguiera, estoy seguro de que en la abadía de Sept-Fonts, al ser menos severa, reciben a personas más jóvenes: pero creo que seré recibido en La Trappe."

Va de Montreuil a La Trappe, y de allí a la abadía de Sept-Fonts, donde es admitido. El tiempo de su permanencia allí, y su salida de este último Monasterio

Dios preservó a Su Siervo del abatimiento, permitiéndole siempre esperar que en La Trappe encontraría finalmente un lugar de retiro y descanso. Su humildad, que le hacía verse como un pecador que tiene necesidad de hacer gran penitencia por sus pecados, le inclinaba a pensar que no podría salvar su alma si no abrazaba aquella orden religiosa que era la más austera de todas. Por otra parte, su confianza en Dios, a quien consideraba como un Dios de infinita misericordia y que no desea que ningún pecador perezca, no le permitía dudar sino de que si perseveraba, Dios se complacería en conceder sus deseos. La Regla de la Orden de La Trapa era la más rígida de todas las que conocía; por lo tanto, estaba en cierto modo seguro de que Dios, que había proporcionado todo según las necesidades de sus criaturas, había proporcionado este recurso solitario para el alivio de los grandes pecadores. Y animado con esta confortable reflexión, se puso en camino por segunda vez, y se apresuró todo lo posible hacia La Trappe.

Pero Dios había preparado una nueva prueba de la humildad y perseverancia de su siervo con una nueva negativa: se presentó por segunda vez para ser admitido, pero se presentó en vano. La puerta de este retiro quedó, pues, cerrada para siempre contra él.

Pero Dios nunca permite que un hombre sea tentado más allá de lo que es capaz de soportar. El siervo de Dios, estando firme en esta persuasión, y albergando en su alma una confianza inquebrantable en la bondad divina, como Abraham esperó contra toda esperanza. Sept-Fonts era el lugar que ahora le quedaba para intentar dónde ser admitido. Y a pesar de la excesiva fatiga que había sufrido, la duración del viaje y las continuas lluvias, que habían hecho los caminos casi intransitables, partió por segunda vez de La Trappe, y llegó a Sept-Fonts tan pronto, que el 28 de octubre fue admitido para tomar el hábito de novicio del coro con el nombre de Hermano Urbano.

Hubiera preferido la abadía de La Trappe, porque pensaba que la regla de Sept-Fonts era demasiado suave. Pero se sintió muy feliz, y consideró el rechazo de su admisión en esa casa como el efecto de una misericordia particular de Dios a su favor, cuando descubrió que el monasterio de Sept-Fonts no estaba en nada por detrás del de La Trappe, sino que, por el contrario, en muchas cosas incluso lo superaba en austeridad y rigor de disciplina.

Pasó ocho meses en los ejercicios del noviciado; era piadoso, obediente y laborioso, y cumplía todos sus deberes con puntualidad y exactitud procedentes de una santa emulación: Pero las penas y angustias interiores que había experimentado antes, volviendo de nuevo; una enfermedad de dos meses que había agotado todas sus fuerzas; y los fundados temores de sus Superiores de que, siendo de constitución débil, su celo superaba sus capacidades corporales, y que no tenía fuerzas suficientes para soportar las austeridades de su Instituto: todo concurría a manifestar cuál era la voluntad de Dios, que había permitido que obstáculos tan invencibles se opusieran a sus deseos.

El dos de julio de 1770, abandonó el monasterio de Sept-Fonts, y ahora resolvió ir a Italia, con la esperanza de ser admitido allí en uno de la misma clase de monasterios, donde le informaron que la vida de los religiosos era muy regular, y las reglas muy austeras.

Detengámonos ahora y reflexionemos unos instantes sobre él y su situación en este importante período. Si lo consideramos según nuestro modo ordinario de juzgar las cosas, su situación nos parecerá verdaderamente angustiosa y aflictiva. ¡Cuántos pasos había dado y cuántos trabajos había realizado aparentemente en vano! Los largos y ardientes deseos que había abrigado desde su más tierna edad, y que cada día aumentaban más y más, la naturaleza de sus disposiciones, sus inclinaciones y sus virtudes; el plan de sus estudios y de sus ejercicios de piedad, constantemente dirigidos y tendientes a este punto; el fervor y la perseverancia de las oraciones que elevaba a Dios para conocer su vocación; los gastos de una educación prolongada más allá del término habitual; y en una palabra, toda la vida de Benito, incluso desde su infancia, había sido siempre una preparación para el estado religioso, y una especie de noviciado continuo. Ésta era la perla preciosa por la que había vendido todo lo que tenía; había renunciado a su patrimonio; resistido a los deseos, y ganado victorias sobre la ternura de sus padres, que al mismo tiempo le cortaban el corazón.

Y, sin embargo, ahora se ve reducido a una situación en la que parece no saber qué hacer ni adónde ir. Sin embargo, esta era la situación en la que se encontraba a los veintidós años de edad, después de haber hecho tantos viajes, pasado por tantas fatigas y trabajos, renunciado a todo lo que tenía, o tenía razón para esperar, y hecho tantos intentos para ser admitido en un estado religioso.

Habiendo abandonado mucho tiempo antes la casa paterna, no podía ni pensar en volver a ella. Temía que tal paso sería una especie de injusticia, al convertirse en una carga para una familia ya cansada de los grandes gastos que habían tenido que soportar por su causa. Su salud estaba deteriorada, y su constitución debilitada, era poco apto para el claustro, y aún menos apto para el mundo: estaba desprovisto de medios para ganarse la vida, desprovisto de apoyo, de un amigo que le ayudara, o de un consuelo terrenal; y al mismo tiempo abrumado por los temores y la angustia de su mente. Esta es una fiel representación de su situación en aquel momento. Pero ¿por qué hemos de temer por el justo a quien Dios purifica en el horno de las aflicciones? Dios prueba a los justos, pero nunca los abandona; y su divina Providencia vela por sus elegidos con un cuidado particular, incluso en el mismo momento en que parece haberlos abandonado. Por lo tanto, fue desde la misma fuente y en el mismo apogeo de sus problemas, que Dios se complació en hacer surgir la paz y brillar sobre él, y le envió un rayo de consuelo, que desde entonces nunca dejó de dirigirlo y fijarlo en ese estado de vida al que lo llamó.

Durante todo el curso de su vida, se había esforzado por conocer y cumplir la voluntad de Dios; y podemos decir que éste era el único objeto que tenía en vista. Desde este momento, pues, comenzó a conocer cuál era la voluntad de Dios respecto a él; y desde este momento, comenzó a ser feliz. Ahora estaba persuadido en su propia mente de que si no era la voluntad de Dios que entrara en un Estado Monástico, al menos era Su divina voluntad que, incluso permaneciendo en el mundo, practicara esa renuncia al mundo, esa soledad interior y recogimiento, esa abnegación, esa vida de oración, esa pobreza, las austeridades penitenciales, y cualquier otra virtud que es practicada por aquellos que están comprometidos en un estado Monástico.

Para ponerle en camino de seguir la extraordinaria vocación a la que Dios le llamaba, era muy conveniente proporcionarle maestros capaces, instrucciones, ejemplos y modelos para su imitación, y para procurarle estas ventajas, Dios le había conducido a diferentes lugares de retiro religioso. Y como Benito había encontrado realmente todas estas cosas unidas en los diferentes monasterios en los que había sido recibido, consideró esta disposición de la Divina Providencia como un favor singular que merecía ser pagado con la mayor gratitud de su corazón.

Benito, persuadido ya de cuáles eran los designios de Dios sobre él, no se inquietó más acerca de los medios de que Dios se valdría para cumplir lo que había ordenado: se resignó, pues, sin reservas, a la disposición de su divina Providencia: Resuelto a seguir la conducta, la luz y las inspiraciones de su Espíritu Santo, y a someterse a todos los sufrimientos y aflicciones que pudieran esperarle, sin pedir ni desear otra cosa que llevar la cruz y beber del cáliz de los sufrimientos de su divino Redentor.

Es, pues, en esta nueva carrera de méritos y virtudes, en la que hemos de considerar ahora a este Siervo de Dios.

Peregrinaciones de Benedicto José Labre

Todos los hombres están llamados a llevar una vida buena y santa, como medio de obtener la felicidad eterna. Y así como en la casa de Dios hay muchas moradas, así también hay diversos caminos para llegar a ella. Porque además de los caminos comunes y ordinarios para ir al cielo, hay algunos que son extraordinarios, y otros singulares; pero sería una gran temeridad intentar ir por éstos sin signos evidentes de inspiración divina, y de una vocación a ellos que haya sido maduramente considerada y examinada. Voy a hablar ahora de la devoción conocida con el nombre de Peregrinaciones, en la que este Siervo de Dios gastó gran parte de su vida: y en la que se comportó de tal manera, que no deja lugar a dudas, que lo que para la generalidad de los cristianos sería una tentación a la negligencia y la disipación, fue para él un medio de aumentar sus méritos, un ejercicio de penitencia, y un medio de promover la santificación de su alma.

Sin duda, tan pronto como se encontró en las circunstancias particulares en las que estaba cuando dejó la Abadía de Sept-Fonts: a distancia del lugar de su nacimiento, desvinculado del mundo y de todo lo que había en él, y encontrando que su designio de consagrarse a Dios en un Estado Monástico se oponía a innumerables obstáculos; su amor por la humildad, la pobreza y una vida penitente, presentó a su mente celosa la práctica de esa clase de piedad que más tarde puso en ejecución.

Roma, que es la capital y único centro de la Iglesia católica; lugar sagrado por los triunfos y las tumbas de los gloriosos Apóstoles San Pedro y San Pablo; y tan famosa por sus monumentos de religión y los tesoros espirituales que disfruta y dispensa a los fieles fue el principal lugar y objeto de las peregrinaciones de este Siervo de Dios. Por eso, desde el momento de su salida de la abadía de Sept-Fonts en 1770, tomó en su mente la resolución de hacer un viaje hasta allí; e inmediatamente comenzó a ponerlo en práctica.

Llegado a Guiers, en Piamonte, escribió una carta a su padre y a su madre, comunicándoles la razón que le impedía permanecer toda su vida en aquel monasterio. Esa carta contenía en cierto modo su último adiós a su familia; y, en efecto, desde entonces sus padres no volvieron a recibir noticias suyas hasta después de su muerte.

La siguiente es una copia de la segunda y última carta que envió a sus padres.

"Queridos padre y madre,

"Habéis oído que he dejado la Abadía de Sept-Fonts, y sin duda estáis inquietos y deseosos de saber qué camino he tomado, y qué clase de vida pretendo llevar. Es para cumplir con mi deber a este respecto, y para disipar su inquietud, que ahora le escribo. Debo, pues, informarle de que salí de Sept-Fonts el 2 de julio. Cuando salí de Sept-Fonts tenía fiebre, que me abandonó al cuarto día, y ahora me dirijo a Roma.

He llegado casi a la mitad del camino. No he viajado muy deprisa desde que salí de Sept-Fonts, a causa del excesivo calor que siempre hace en el mes de agosto en Piamonte, donde me encuentro ahora, y donde he estado, a causa de una pequeña dolencia, internado durante tres semanas en un hospital donde me trataron amablemente. Por lo demás, me encuentro muy bien desde que salí de Sept-Fonts. Hay en Italia muchos monasterios donde los religiosos llevan una vida muy regular y austera. Tengo el propósito de ingresar en uno de ellos, y espero que Dios hará prosperar mi designio. Sé que hay uno de esos monasterios de la orden de La Trapa, cuyo abad ha escrito a un abad de Francia, informándole de que si algún francés tiene intención de ir allí, él lo recibirá, porque le faltan súbditos. He sacado muy buenos certificados de Sept-Fonts. No se inquieten por mí. No dejaré de escribirles de vez en cuando. Y me alegraré de tener noticias suyas y de mis hermanos y hermanas; pero esto no es posible por el momento, porque aún no me he establecido en ningún lugar fijo. No dejaré de rezar por usted todos los días. Le ruego que me perdone por todos los disgustos que le he causado y que me dé su bendición para que Dios favorezca mis designios. Es por orden de la Providencia que emprendo el viaje que ahora hago. Trabajad diligentemente por la salvación de vuestras almas, y ocupaos de la educación de mis hermanos y hermanas. Velad por su conducta; y meditad sobre los tormentos eternos del Infierno, y sobre el reducido número de los Elegidos. Estoy muy contento de haber emprendido mi presente viaje. Os ruego que saludéis de mi parte a mi abuela, a mi abuelo, a mis tías, a mi hermano Santiago, a todos mis hermanos y hermanas, y a mi tío Choise-Francis. Voy a un país que es bueno para los viajeros. Estoy obligado a pagar el franqueo de esto a Francia. Pidiéndole de nuevo su bendición, y su perdón por todos los disgustos que le he dado, me suscribo,

Roziers en Piamonte,

31 de agosto de 1770.

Vuestro muy afectuoso hijo,

Benedict Joseph Labre.

Desde Piamonte, visitó con piedad verdaderamente edificante todas las iglesias que se encontraban en su camino hacia Loreto, adonde llegó en el mes de noviembre: su tierna devoción a la Santísima Virgen, a la que consideraba como su madre, y los grandes favores que había recibido de Dios, que consideraba obtenidos por su intercesión, le hicieron sentir un afecto y una predilección muy particulares por este famoso lugar durante todo el resto de su vida.

Después se dirigió a Asís, célebre por ser el lugar de nacimiento de San Francisco. Aquí realizó sus devociones, y fue admitido en la Cofradía establecida en este lugar en honor de dicho Santo; y según la costumbre, recibió un pequeño cordón bendito que llevaba constantemente, y que se encontró a su alrededor cuando le quitaron la ropa después de su muerte.

Llegado a Roma por primera vez a principios de diciembre, fue internado durante tres días en el Hospital de San Luis, establecido allí para recibir a los peregrinos franceses.

Roma, sin duda, presenta una perspectiva capaz de encender una viva devoción en cualquier alma verdaderamente religiosa; pero sería necesario estar animado con el espíritu de Benedicto José Labre, para poder describir los vivos sentimientos de piedad que experimentó, el fervor de devoción con el que visitó todos los santos lugares, las efusiones de gratitud y amor por Jesucristo y su Santísima Madre, y las lágrimas de compunción, de sensibilidad y de alegría que derramó en presencia de la Tumba de los Santos Apóstoles.

Después de permanecer entre ocho y nueve meses principalmente en Roma, emprendió un segundo viaje a Loreto, adonde llegó a mediados de septiembre de 1771.

El mes de junio anterior había estado en Fabriano, para visitar la tumba de San Romualdo, fundador de la Orden de los Camaldulenses, famoso por sus grandes virtudes, pero sobre todo por una larga práctica de extraordinarias austeridades.

Pasó quince días en este lugar de devoción, donde se confirmó cada vez más en su resolución de pasar su vida en un estado de rigurosa pobreza y penitencia. Y fue como consecuencia de esta resolución, y para purificar su alma de todo afecto al pecado, que deseó por tercera vez hacer una confesión general. El Sr. Pagetti, Rector de Fabriano, a quien se dirigió con este fin, relata así este particular de su vida.

"El piadoso peregrino entró en la sacristía a buscarme después de la misa y me pidió encarecidamente que le hiciera el favor de confesarse en cualquier momento en que yo estuviera libre. No podía negarle aquel consuelo, después de que había mostrado tanto deseo de ello. Dos o tres días después de esto, yendo a la iglesia con esta intención, y encontrando que se había preparado debidamente para ello, oí la confesión que hizo de toda su vida comenzando desde el día en que me hizo su confesión, y, retrocediendo de un período de tiempo a otro, hasta llegar a su más tierna juventud. En su confesión admiré la bondad de Dios y las gracias con que le había favorecido, así como su constante fidelidad en corresponder a esas gracias en todas las épocas de su vida, a pesar de los artificios y asechanzas del demonio y de las tentaciones a que se había visto expuesto.

Era tal su humildad, que consideraba las gracias y favores que había recibido del Cielo, sólo como efectos de su propia imaginación. El Siervo de Dios me comunicó su propósito de ir a Compostela a visitar el cuerpo de Santiago, en cuya interce-

sión depositaba una particular confianza. Observé en él una ferviente devoción a
la adorable Humanidad de Jesucristo, y a su santa Madre, y una gran compasión
por las Almas del Purgatorio. A una gran humildad y a un singular desprecio de su
propio cuerpo, al que llamaba su carcasa, unía una caridad sin límites para con el
prójimo: A quien ayudaba espiritualmente hasta el límite de sus fuerzas, elevando
continuamente sus más fervientes oraciones a Dios por la conversión y salvación de
los pecadores; y aunque él mismo era pobre, daba todo lo que tenía en limosnas a
los pobres, reservándose para sí sólo la más pequeña porción de lo que se le daba, y
lo que apenas bastaba para su sustento del día presente sin guardar nada para el día
siguiente. "

Tal fue la conducta de este piadoso peregrino en Fabriano, a la que se adhirió constantemente desde el momento en que Dios le inclinó a seguir este género de vida.

M. Pagetti añade que los habitantes de Fabriano, impresionados por su pobre aspecto
y su piedad, comenzaron inmediatamente a considerarle como un santo; y que tan
pronto como se dio cuenta de que tenían una buena opinión de él, su humildad
le hizo abandonar esta parte del país, con el fin de evitar las muestras de estima y
veneración que le mostraban.

En el mismo año 1771, fue a visitar los lugares de devoción más renombrados del
reino de Nápoles, que eran la Iglesia de San Nicolás, Obispo de Myra en Bari; la Iglesia
de San Januario en Nápoles; la Iglesia de San Miguel en el Monte Gargano; y un gran
número de otras.

El Siervo de Dios estuvo de nuevo en Nápoles el 13 de febrero de 1772, de donde
partió para regresar a Roma, donde permaneció hasta el mes de junio, momento en
que se dirigió de nuevo a Loreto.

No hay lugar de devoción famoso en Europa que no haya sido visitado por este Siervo
de Dios. En el año 1773 estuvo en Toscana, donde hizo otra confesión general, que
fue la cuarta que hizo en su vida. No hay ningún relato particular de este viaje; pero
no hay duda de que su veneración por San Francisco le indujo a visitar la célebre
iglesia de este santo, situada en las montañas de Alvernia.

Por el registro de los acogidos en el hospital francés de San Luis, sabemos que estuvo
en Roma hacia la Pascua de 1774. Debió entonces permanecer poco tiempo en

esta ciudad, pues en el mes de diciembre del mismo año se encontraba en Borgoña, Francia.

Su devoción a la Santísima Virgen despertó en su alma un celo infatigable que le impulsó a visitar todos los lugares famosos por su veneración.

La estación invernal, entonces en su apogeo, la gran lejanía de los lugares, la severidad del frío, la aspereza de las montañas cubiertas de hielo y nieve, no bastaron para impedirle poner en práctica una resolución que había tomado de dejar Borgoña para ir a Suiza a visitar la iglesia de Nuestra Señora de los Ermitaños en Einsiedeln, a la que llegó en el mes de febrero.

Esta iglesia, muy rica y magníficamente ornamentada, pertenece a un convento de benedictinos, situado en la diócesis de Constanza, a unas cinco leguas de la ciudad de Sufa, capital del cantón de ese nombre. Catorce Papas sucesivos han concedido o confirmado considerables privilegios a ese Monasterio. Benedicto siempre sintió una especial veneración por este lugar, famoso por el gran número de peregrinos que acuden a él desde todas las partes del mundo.

Desde Einsiedeln fue a visitar algunas partes de Alemania, y en particular Waldshut, Hoggenschwyl, Walweil, y luego fue a Lucerna, desde donde regresó de nuevo a Einsiedeln, donde permaneció hasta principios de julio.

La circunstancia del Jubileo del año 1775 le indujo a ir de Einsiedeln a Roma, donde permaneció durante el resto de ese año santo.

En el mes de febrero de 1776, peregrinó por quinta vez a Loreto. Se puso en camino a pesar de que era pleno invierno, y emprendió su tercer viaje a Einsiedeln, que felizmente cumplió; y en el curso de esa ruta, visitó de nuevo varios de los famosos lugares de devoción en Alemania, particularmente el de Waldshut sobre el Rin, donde estuvo el 20 de agosto de 1776.

Su regreso a Roma en el mismo año terminó todas sus piadosas circunvalaciones; y durante el resto de su vida, fijó su residencia en esa capital, de donde no se marchó, sino sólo para ir una vez al año a pasar unos días en Loreto, para rendir a la Santísima Virgen en su propia casa que habitaba en la tierra, su tributo anual de gratitud y amor.

Después de haber dado cuenta de los diferentes viajes de este piadoso peregrino, no puede ser impropio hacer algunas reflexiones sobre el mérito de las Peregrinaciones, que tomamos prestadas de M. Alegiani. Ciertamente han sido practicadas por un gran número de personas santas. El ilustre autor del libro titulado La imitación de Jesucristo, dice con mucha verdad, que aquellos que se entregan a una vida errante muy rara vez se vuelven más santos. Y en realidad, si consideramos la vida de los peregrinos bajo una cierta luz, encontraremos que están expuestos a mil riesgos y mil peligros espirituales, debido a la variedad de personas con las que se encuentran, y a los lugares por los que pasan y donde se detienen. Exponen su mente al peligro de las distracciones, de la curiosidad y de la búsqueda de novedades, cosas todas ellas que extinguen el fervor de la devoción o, al menos, lo debilitan considerablemente.

Pero si se miran las peregrinaciones desde otro punto de vista, no se puede negar que la vida de un peregrino puede ser un medio de santificar su alma: porque le desliga perfectamente de todo apego a las comodidades de este mundo que podría disfrutar residiendo en un lugar fijo.

¿Quién hay que no conozca esta máxima evangélica: que cuanto más se desprende el alma de las cosas de este mundo, tanto más se eleva hacia el Cielo? A lo cual podemos añadir esta consideración de que los mismos lugares, las tumbas de los santos que van a visitar, naturalmente les inspiran ciertos sentimientos de veneración, que al mismo tiempo, excitan en sus almas una confianza de obtener de Dios por su intercesión, las gracias y favores de los cuales están necesitados, y por los cuales piden.

Si las peregrinaciones, así consideradas en sí mismas, pueden contribuir a la santificación de los que las emprenden, qué no decir de las de Benito que, abandonando su patria, exponiendo su salud al peligro y renunciando a las comodidades de la vida, emprendió este género de vida penitencial y viajó solo, desconocido, a pie y sin provisiones para sus viajes; acompañado únicamente de sus virtudes: sufriendo el calor del sol, la severidad del frío y las demás inclemencias del tiempo, y por mil otros inconvenientes y peligros inseparables de esa clase de viajes.

Algunos hechos relativos a estas peregrinaciones nos dan a entender cuán grande era su humildad, su pobreza evangélica, su desprendimiento de todo afecto a las cosas terrenas, su espíritu de penitencia, su modesta conducta, su amor a la oración y su cuidado por evitar todo lo que pudiera hacerle perder de vista la presencia de Dios.

Benedicto, habiendo pedido un día licencia a M. Mancini, administrador de la casa llamada Hospitium Evangelicum, para emprender su peregrinación a Loreto, este caballero pensó que sería una satisfacción para él recomendarle un compañero de viaje, un pobre hombre perteneciente a la misma casa, que era un hombre de vida virtuosa y edificante. Pero el Siervo de Dios rogó que se le excusase de aceptar al compañero propuesto, alegando como razón de su negativa, su temor de que la compañía de otro peregrino, por muy buen hombre que fuese en sí mismo, pudiera ser para él ocasión de algún estorbo o distracción, y apartarle de aquel recogimiento interior y oración ininterrumpida, que siempre practicaba durante todo el tiempo que duraba su viaje.

El Sr. Zaccarelli, su amigo y bienhechor, le ofreció algo de dinero para los gastos de su viaje a Loreto, pero Benedicto se negó a aceptar parte alguna, alegando como razón que tenía en su poder una pieza de dinero del valor de diez sous, o cinco peniques ingleses, y que esta suma era suficiente para él por el momento. Animado por el mismo espíritu de pobreza evangélica, rechazó al principio un par de zapatos que le ofreció el mismo señor Zaccarelli. Pero este señor, presionándole para que los aceptara, le mostró al mismo tiempo otros tres pares de zapatos que ya habían sido usados; por lo que Benedicto cedió finalmente a las súplicas de su bienhechor y aceptó un par, pero eligió los que estaban más usados.

Como solía llevar un sombrero de paja, que estaba todo descosido y roto, tuvieron todas las dificultades imaginables para convencerle de que aceptara otro que era un poco mejor, aunque ese mismo estaba muy viejo y en mal estado.

De las investigaciones que se han hecho y de la información que se ha dado en Loreto, nos enteramos de algunos otros detalles de su conducta, que no son menos edificantes que los que ya se han mencionado.

M. Verdelli, Escribano de la Capilla en esa famosa Iglesia de Loreto, y cuyo oficio es supervisar las lámparas que se mantienen constantemente encendidas, declara, que fue penetrado de admiración, cuando contempló el respetuoso semblante de este peregrino; su continua oración, y la profunda humildad con la que se presentó ante la presencia de Dios en Su Templo.

El Sr. Valeri, el sacristán, da el mismo testimonio, y además añade, que a la hora habitual de la cena, cuando todo el resto de la gente salió de la iglesia, Benito, sin tener en cuenta sus necesidades corporales, fue y se colocó en un rincón de la iglesia, donde pensó que no podría ser percibido; y allí, con un semblante inflamado por la devoción, lo vio golpearse el pecho, y por otras acciones exteriores dar rienda suelta y alcance a las piadosas mociones de su alma.

El mismo eclesiástico, habiendo notado los extremados esfuerzos del Siervo de Dios por ocultar todo lo que pudiera dar a alguien una buena opinión de él, fue y se encerró en un confesionario para observarle a sus anchas a través de las celosías, y verle ejercer los repetidos actos de su ferviente devoción.

Todo el tiempo que este piadoso peregrino permaneció en Loreto, no sólo no pidió limosna alguna, sino que incluso rechazó la que voluntariamente se le ofrecía si excedía de lo necesario para su inmediato socorro.

Los señores Verdelli y Valeri, estimando mucho sus virtudes, le buscaron alojamiento en Loreto, para ahorrarle el trabajo de ir todas las noches a un granero, muy distante, donde se alojaba de ordinario, y todas las mañanas volvía de nuevo a la iglesia. Habiendo encontrado uno, en la casa del señor Sori, le condujeron a él. Benito aceptó su amabilidad con gratitud. Pero como le habían preparado una habitación con cama, pensó que este alojamiento era demasiado suntuoso para un pobre hombre como él. Entonces le ofrecieron otra, excavada en la roca, bajo la calle; la consideró más adecuada a su condición y la aceptó.

El señor Sori le ofrecía a veces algunas vituallas de su mesa, pero él rogaba constantemente que le excusaran de aceptarlas. Un pobre, decía, no debe comer lo que se prepara para los ricos, sino contentarse con lo que queda en su mesa. De la misma manera, cuando alguien le ofrecía una hogaza entera de pan, nunca la aceptaba; se consideraba indigno de comer algo que no fueran trozos. El mismo escrúpulo tenía contra toda otra clase de comida, y de hecho nunca comía más que sobras.

La manera en que el Siervo de Dios vivió en Roma, después de fijar su residencia en esa ciudad

Benito, que desde su juventud tuvo la dicha de comprender el significado de estas palabras de nuestro Salvador, Bienaventurados los Pobres de Espíritu, llevó su observancia de ellas a un grado muy eminente de perfección. En efecto, puede decirse que practicó con el mayor rigor la humildad y la pobreza recomendadas en el Evangelio. Esta era evidentemente su vocación particular: y el tipo de santidad que abrazó, fue la prueba más convincente de que correspondía fielmente a esa vocación.

Algunos relatos de la vida que llevó en Roma, desde el momento en que hizo de ese lugar su residencia fija, nos proporcionan una multitud de pruebas de esta fiel correspondencia con su vocación: y al mismo tiempo son capaces de proporcionarnos una gran instrucción y edificación.

Hay en el barrio del Anfiteatro de Flaviano, también llamado Coliseo, cerca de la calle de la Cruz, algunas ruinas antiguas, y una gran extensión de muros, medio derruidos.

Habiendo encontrado en estas ruinas, un agujero de suficiente profundidad para sostenerlo y protegerlo en un grado tolerable de la intemperie, inmediatamente pensó que podría contentarse con este lugar para su morada. Y, en efecto, no tuvo otro durante varios años. Allí se retiraba todas las noches para descansar. Y estando resuelto a llevar su cruz después de su Divino Redentor, e imitar su pobreza, que no tenía posesiones ni lugar donde reclinar su cabeza: Benito se consideraba muy feliz de que la Providencia le hubiera preparado un lugar donde pudiera pasar las noches en paz y tranquilidad, y estar protegido de las inclemencias de las estaciones y de los rocíos nocturnos.

La vida de este pobre seguidor de Jesucristo era la misma que había llevado durante mucho tiempo en todos los lugares donde había estado: es decir, una vida de oración continua. Habiendo empleado todo el día en esta santa ocupación, pensó que el tiempo era aún demasiado corto. Por eso, después de haber pasado el día unas veces en una iglesia y otras en otra, orando la mayoría de las veces de rodillas y otras de pie, y manteniendo siempre el cuerpo tan quieto como si fuera una estatua, empleó también una parte de la noche en este santo ejercicio. Si en algún momento abandonaba las iglesias, era con el propósito de ir al Coliseo para estar presente en las instrucciones que se llaman las Instrucciones Evangélicas, en las que no dejaba de estar presente todos los días del año.

Un tipo de vida tan duro y austero, unido a su costumbre de rezar de rodillas la mayor parte del día, no tardó en debilitarle y mermar su salud, y le produjo una inflamación en las rodillas que, aumentando gradualmente, en el año 1780 le amenazó con una muerte rápida.

Un pobre mendigo llamado Teodoro, que también tenía la reputación de ser un cristiano muy virtuoso y completamente bueno, al darse cuenta de su situación, se apiadó de él, y lo persuadió para que fuera con él al Sr. Paul Mancini, que era el Director y Administrador del Hospital Evangélico, a quien se lo presentó como un objeto que realmente merecía su caritativo cuidado y protección.

El Sr. Mancini tomó inmediatamente al Siervo de Dios bajo su cuidado, y lo colocó en su Casa de Limosnas, establecida para la recepción de doce hombres pobres.

Tomando las medicinas apropiadas para su desorden, y un alimento más substancial, pronto se puso bien. Y encontrándose ya fuera de peligro y restablecida su salud, se apresuró a ir a buscar a su Benefactor, a quien dijo: "Ya me veis, Señor, perfectamente curado: esta caridad que me habéis hecho al cuidarme en vuestra Limosnería, podéis ejercitarla ahora en favor de algún otro pobre más necesitado que yo en este momento. Ahora me encuentro en la situación de ir a buscar mi sustento a la puerta de algún convento. Pero, ¿cómo podré reconocer de manera apropiada mis sentimientos de gratitud por su bondad y ofrecerle una recompensa adecuada? No dudo lo más mínimo de que mi hinchazón me habría llevado rápidamente a la tumba. Es, pues, a vuestra bondad a quien debo ahora mi vida".

"Es a Dios", dijo M. Mancini, "a quien debéis dar las gracias. Es Él quien le ha devuelto la salud. Os ruego que tengáis la caridad de encomendarme a Dios en vuestras oraciones, y os estaré muy agradecido."

"Ah, Señor", dijo Benito, "eso haré con todo mi corazón; y continuaré haciéndolo todos los días de mi vida".

Los cuidados que el abate Mancini había prestado al Siervo de Dios durante su enfermedad, le habían permitido descubrir en él un grado de virtud muy superior al común, y unos sentimientos de religión tan extraordinarios que toda su humildad no era capaz de disimular. Esto le hizo tener tan buena opinión de él que, en contra de la costumbre y de la regla que había establecido para aquella casa de no retener en ella a los pobres que admitía sino por un cierto tiempo, o por el tiempo que su necesidad lo exigiera, continuó admitiéndole para que viniera y se quedara en la casa todas las noches, favor que el Siervo de Dios siguió recibiendo hasta el año 1783, que fue el de su muerte.

Conviene aquí dar cuenta de dos sucesos particulares de su vida, acaecidos durante sus viajes a Loreto, y que muestran cuán poca cuenta hacía de sí mismo. El Sr. Mancini, de quien conocemos estos datos, mantenía una correspondencia literaria con una monja del monasterio de Santa Clara de Montelupone, en la diócesis de Loreto. Por lo tanto, deseoso de aprovechar la oportunidad del viaje de Benedicto a ese lugar, le envió una carta de su puño y letra, en la que, entre otras muchas cosas edificantes, decía: "Mi carta te será entregada por un Santo que pasa toda su vida en oración". Benedicto cumplió su encargo y entregó la carta a la monja, con la que pasó un rato de piadosa conversación, que concluyó con la promesa mutua de rezar el uno por el otro para el futuro.

La monja leyó entonces la carta, y habiéndola mostrado a las otras monjas, toda la comunidad acudió inmediatamente a encomendarse a las oraciones del hombre que había sido declarado Santo.

Benedicto, por esta asamblea y petición de toda la comunidad, quedó en tal estado de confusión, que apenas sabía lo que le decían: y sin esperar una respuesta a la carta que había traído, en seguida se movió fuera de las instalaciones, y salió del monasterio, en el que nunca más entró mientras vivió.

Cuando Benito regresó a Roma, M. Mancini le preguntó por la respuesta a la carta que había enviado a la monja. Benedicto respondió: "No recibí respuesta de ella". Y en pocas palabras le dio cuenta de lo sucedido. M. Mancini percibió entonces cuán grande era su humildad, y desde entonces tuvo una opinión aún mayor de su santidad.

Al año siguiente, M. Mancini envió por él una carta a una monja del convento de Santa Clara de Monticchio, pero en ella tomó más precauciones que antes. Mencionó la opinión que tenía sobre Benedicto, pero le recomendó sobre todas las cosas que tuviera especial cuidado de que ni ella, ni nadie de la comunidad, mostrara al Siervo de Dios ninguna señal particular de estima o consideración.

Esta carta fue entregada con la misma exactitud que la anterior. La monja comunicó su contenido a sus compañeras. Y no estaban menos deseosas de ver y agasajar a este piadoso peregrino, que las monjas de Montelupone; pero al ser previamente amonestadas, actuaron con más prudencia. Fueron a verle por separado, una tras otra, y para que se quedara más tiempo en su casa, a fin de que todas tuvieran la satisfacción de verle sin darle ocasión de sospechar su intención, mandaron que le trajeran algo de comer. De este modo, todos se alegraron y edificaron. Querían también proporcionarle alguna provisión para el resto de su viaje, y le ofrecieron varias cosas, pero él rehusó aceptar nada de lo que le ofrecían, plenamente resuelto a adherirse y observar la regla que se había prescrito a sí mismo, de no pensar en el día siguiente.

Esta vez esperó la respuesta a la carta de M. Mancini, que prometió entregarle. La monja le dio cuenta de lo sucedido y, en particular, de su circunspección; pero, al mismo tiempo, no olvidó hacer pagar a M. Mancini esa circunspección, rogándole encarecidamente que él mismo encomendase aquella comunidad a las oraciones de aquel buen hombre; y, en particular, que rezase por ellos en el momento de comulgar.

Mientras el Sr. Mancini hablaba con Benedicto sobre este asunto, percibió la inquietud que tal petición producía en este pobre discípulo de Jesucristo, ya que indicaba que tenían en cuenta sus oraciones: de modo que no tuvo otra respuesta que ésta para dar a su petición. "En adelante no tendré ninguna correspondencia con monjas. ¿Quién soy yo para poder beneficiarlas con mis oraciones y mis comuniones?"

Sin duda será también una satisfacción para el lector ver el relato que el mismo Sr. Mancini hace de la conducta de este Siervo de Dios, durante todo el tiempo que residió en su hospitium.

Este es, pues, el testimonio que el Sr. Mancini dio de él inmediatamente después de su muerte. Y es una prueba más de lo que hemos dicho, que casi todos los momentos de su tiempo los empleaba en la oración, y hacía de ella su ocupación continua.

El siervo de Dios era siempre muy cuidadoso de regresar al hospicio a la hora apropiada. Si llegaba antes de que se abriera, en ese caso, mientras los demás entablaban conversación cuando estaban reunidos alrededor de la puerta esperando al Guardián, él solía ir y colocarse detrás de una pequeña columna que formaba parte de la fachada de la casa del Caballero Santarelli, que estaba justo al lado. Allí permanecía todo el tiempo de rodillas rezando, hasta que oía abrirse la puerta. Entonces, entrando con los otros pobres, se detuvo en la primera habitación, donde estaba la cama preparada para él, mientras los demás continuaban su conversación en una habitación interior donde había otras diez camas. Llegados todos los pobres, y llamándoles el Guardián a las oraciones, entró Benito, y asistió a ellas con tal recogimiento y devoción, que todos los demás se sintieron muy edificados por su conducta.

Terminadas las oraciones, volvió a su departamento, y entonces comenzó sus oraciones privadas, que continuó diciendo incluso después de apagadas todas las luces, de modo que nadie le vio nunca quitarse la ropa para irse a la cama. También se levantaba por la noche para rezar sus oraciones y hacía un gran número de jaculatorias.

Y el buen Teodoro, que era entonces guardián del Hospicio, y que yacía cerca de su apartamento, le oía con frecuencia, durante la noche, decir: "Señor, ten piedad de mí; Dios mío, ten piedad de mí". Los otros pobres también le oían repetir con frecuencia las mismas expresiones.

Benito tenía en gran estima este Hospicio, porque no se admitía en él a ningún pobre, sino a los que llevaban una vida de buenos cristianos, y en el que nunca se toleraban desacuerdos, contenciones o palabras indecorosas.

Por la mañana se levantaba antes de la hora prescrita y se dedicaba a la oración privada o a la meditación, hasta la hora en que toda la comunidad era llamada a la oración, en la que nunca dejaba de estar presente con los demás pobres.

Después de esto salía del hospital; y siempre se le observaba ir solo, y diciendo sus oraciones, hacia alguna iglesia: y generalmente iba a la de Santa María de Monti, como comúnmente se la llama, donde continuaba de rodillas en oración hasta cerca del mediodía. A veces dividía la mañana de tal manera que pasaba la mitad en una iglesia y la otra mitad en otra.

Al mediodía iba a la puerta de algún convento a pedir una de las porciones que cada día se reparten a los pobres. Y después, dirigiéndose a aquella iglesia donde se celebraba el laus perenne u oración de las cuarenta horas y, por consiguiente, donde estaba expuesto el Santísimo Sacramento, pasó allí el resto del día.

Antes de comer la pequeña cantidad que tomaba para cenar, parecía durante algún tiempo enteramente absorto en Dios. El Guardián de la Casa de Caridad de San Pantaleón en la Montaña, dice que observó que cada vez que venía a recibir la porción y el pan que distribuían a los pobres: antes de que este Siervo de Dios probara nada, siempre tomaba el recipiente que contenía su comida con ambas manos, y lo levantaba hacia el cielo como una ofrenda a Dios, orando al mismo tiempo por espacio de cinco o seis minutos, con una especie de fervor extático, mientras que los otros pobres habían comenzado a comer lo que se les daba.

Estos relatos bastan para demostrar que su vida era una vida de oración continua. Todos los días rezaba el oficio divino, y el tiempo que no empleaba en leer libros de piedad, lo empleaba en meditar en los sufrimientos de nuestro Divino Redentor, o bien en rezar un gran número de oraciones vocales o jaculatorias piadosas.

M. Mancini no relata aquí más que lo que presenció o lo que es públicamente conocido. El estilo sencillo con el que escribe su relato demuestra que es un historiador
fiel. No utiliza ni elogios ni reflexiones. Imitemos, pues, esta prudente reserva y
limitémonos a reunir en un solo cuadro los contornos de la vida constante, uniforme
y oculta del Siervo de Dios durante el tiempo que vivió en Roma.

En primer lugar, vivió una vida de perpetuo e inviolable silencio, sin hablar nunca
más que de Dios y sin mantener conversación alguna con los hombres. En el espacio
de un mes entero, casi nadie pudo oírle hablar siquiera unas pocas palabras. Cuando
hablaba, sus respuestas se componían de muy pocas palabras, pues siempre se cuidaba
de no faltar a su ley de silencio, sino sólo cuando la humildad o la caridad le obligaban
a hablar.

En segundo lugar, llevaba una vida de retiro y soledad: no tenía por compañero
a nadie más que a Dios, ni mantenía otra compañía que con Dios. Evitaba toda
comunicación con los hombres, todo el tumulto de los lugares públicos, la disipación
de los paseos, la vista de las diversiones tan comunes en Roma: vivía como si estuviera
en medio de un desierto, aunque estaba en medio de una ciudad habitada por un
gran número de extranjeros, y que presenta a la vista una escena de lo más ajetreada,
cambiante y abigarrada.

En tercer lugar, llevó una vida de la mayor abnegación: despojado de todo, desvinculado de todo afecto terrenal y desapercibido para toda la humanidad, no deseó
más riquezas que las de la pobreza evangélica, ni más placeres que los ejercicios
de penitencia y mortificación, ni más signos de distinción que el de ser objeto del
desprecio universal.

En cuarto lugar, llevaba una vida de la más rigurosa pobreza1: no recibía socorro ni
ayuda de su familia, para la que incluso su propia existencia era desconocida. No
pedía nada a nadie, sino que se limitaba a recibir con humildad lo que se le ofrecía
voluntariamente; y con generosa caridad distribuía entre los demás pobres todo lo
que no era necesario para el alivio de sus necesidades inmediatas. Estaba expuesto a
las vicisitudes e inclemencias del tiempo, sin abrigo contra los fríos del invierno o los
calores del verano, y sin tener nada más que otros pobres ordinarios: ropas muy viejas,
comida muy grosera y, durante los tres primeros años, ningún otro alojamiento que
un agujero en las ruinas de un viejo muro.

En quinto lugar, llevó una vida de austera penitencia. Porque a esta extrema pobreza y privación de todos los bienes terrenales, unió una abstinencia casi continua y frecuentes ayunos, aunque su constitución estaba debilitada y debilitada. A esto añadió vigilias nocturnas y otras mortificaciones particulares. Y a pesar de sus dolencias habituales, perseveró en la práctica de un tipo de penitencia que con frecuencia le ocasionaba los dolores más intensos e insoportables, y que consistía en rezar habitualmente de rodillas, lo que le obligaba a apoyar todo el peso de su cuerpo sobre dos dolorosos tumores que le cubrían ambas rodillas.

En sexto lugar, abrazó con cordial afecto todas las humillaciones que acompañan a una vida de pobreza y penitencia. Su humildad le hacía verse a sí mismo como uno de los mayores pecadores. Por esta razón, y para expiar de algún modo sus pecados, eligió llevar una vida de oprobio y desprecio: éste fue el motivo por el que emprendió todas las austeridades de esa penitencia extraordinaria que continuó practicando hasta su muerte: esta fue la razón por la que se escondió entre la multitud de pobres mendigos; por la que eligió ser visto como el paria del mundo; por la que eligió cubrirse con harapos y harapos, en lugar de vestidos; por la que eligió poner una barrera de repugnancia entre él y el resto de la humanidad, y desfiguró los rasgos de un rostro naturalmente amable y atractivo, bajo una apariencia abyecta y prohibitiva; y en una palabra, esta fue la razón por la que, por amor a la penitencia y a la ignominia, abandonó a las picaduras de insectos desagradables, ese cuerpo humillado que Dios ahora glorifica, y en este momento preserva de la corrupción, y de ser el alimento de los gusanos.

Tal fue la vida exterior y pública de Benito durante todos los años que vivió en Roma: un tipo de vida que abrazó voluntariamente, y por su propia y libre elección. Por este tipo de vida, dejó su país, a sus padres, y renunció a un patrimonio decente, y a todas las perspectivas que tenía de establecerse en una posición fácil y feliz en la vida. Es, sin duda, un género de vida extraordinario; y aunque no se nos propone para que lo imitemos, debe servirnos de acicate y estímulo para nuestro celo en el servicio de Dios, e inclinarnos a sacudirnos la pereza, la delicadeza y el amor propio que hemos contraído al estar ocupados en la posición en que la Providencia nos ha colocado.

La humildad, la pobreza y las mortificaciones de la Cruz parecen siempre una locura a los ojos de los mundanos. Pero tal vez la vida penitencial de Benito no nos parecería tan extraordinaria si no viviéramos en una época de tal corrupción general y disolución de las costumbres, que nos impide conocer y limitarnos dentro de los límites de lo realmente necesario, y nos inclina a seguir con avidez todos los placeres y vanidades de la época.

Guardémonos, pues, cautelosamente de ese orgullo precipitado, que con frecuencia censura lo que ignora y condena lo que no comprende; y antes de pronunciar nuestra sentencia acerca de este buen hombre, leamos con atención las vidas de S. Pablo, el primer Ermitaño, de S. Antonio, de S. María de Egipto, de S. Simeón el Estilita y de muchos otros de la Iglesia primitiva que han sido una especie de mártires de la penitencia cristiana.

Como miembros de la Iglesia de Cristo debemos al menos mirar con respeto la vida de este santo hombre, y esperar el acontecimiento del examen solemne de una multitud de maravillas, que la fama ha publicado como obradas por Dios en su intercesión, y por sus medios. Y que por la prudente circunspección de aquellos a quienes se ha encomendado esta tarea, serán tan bien examinados, que incluso los mismos enemigos de nuestra santa Fe, se verán en la necesidad de reconocer la justicia de la sentencia que pronunciarán.

1 Todos sus bienes muebles consistían en una pequeña cesta, en la que solía guardar su Breviario y algunos otros libros de devoción, y un cuenco de madera en el que recibía su caldo a las puertas de los monasterios. Se le había roto un trozo por el borde, de modo que no podía llenarlo; y como se le había partido por la mitad, lo tenía aprisionado con tres trozos de alambre de hierro.

RELATO DEL ÚLTIMO AÑO DE LA VIDA DEL SIERVO DE DIOS

Los secretos de los reyes deben guardarse inviolablemente, pero a nosotros nos incumbe el deber de publicar al mundo las maravillas que Dios ha realizado en favor de sus elegidos.

Habiendo ordenado la Divina Providencia que durante el último año de la vida de Benito José Labre yo fuera el depositario de los pensamientos más secretos de su alma, me veo en la obligación de publicar todo aquello cuyo conocimiento pueda contribuir a la gloria de Dios, al honor de su siervo y a la edificación de los fieles.

En el mes de junio de 1782, justo después de haber celebrado misa en la iglesia de San Ignacio, perteneciente al Colegio Romano, percibí a un hombre cuyo aspecto a primera vista era desagradable y prohibitivo. Tenía las piernas medio desnudas, la ropa atada a la cintura con un cordón viejo; la cabeza despeinada; estaba mal vestido y envuelto en un abrigo viejo y harapiento; y en su aspecto exterior, parecía el mendigo más miserable que jamás había visto. Tal era el aspecto de Benito la primera vez que lo vi.

Cuando terminé mi acción de gracias después de la misa, se acercó a mí, y con mucha modestia y respeto me dijo que se había preparado para hacer una confesión general, y me rogó que tuviera la caridad de oírlo, y que señalara un día para ello: me aseguró que podía confiar en su sinceridad porque no venía con ninguna intención de imponerse a mí: y no tenía otra cosa en vista que la santificación de su alma.

Estas pocas y sencillas palabras, y la manera en que las pronunció, se insinuaron inmediatamente en mi corazón y despertaron mi afecto por él. Accedí, pues, a su petición, y no dudé de que era un hombre bueno y bien dispuesto.

De acuerdo con mi promesa, me reuní con él a la hora que habíamos convenido. El Siervo de Dios comenzó con orden y regularidad a exponer el estado de toda su vida, e incluso a explicar los detalles más minuciosos con la mayor exactitud: desde el tiempo de su infancia hasta el día de hoy; e incluso mencionó algunas cosas que no le sucederían hasta después de su muerte. Me descubrió tanto el estado actual de su alma, como los honores que Dios le tenía reservados; con la misma claridad y precisión con que (en varias conversaciones posteriores que tuve con él) me reveló muchos acontecimientos futuros que le habían sido revelados.

Pronto percibí en el alma de Benito una luz extraordinaria, que inmediatamente me causó sorpresa y asombro. Por la forma en que me dio cuenta de todo el estado de su alma, percibí que tenía un profundo conocimiento de toda la ley de Dios. Habló con un orden y claridad maravillosos sobre la concatenación de las verdades reveladas y la conexión de cada virtud; la relación que tienen con la ley de Dios, y entre sí; y explicó las marcas distintivas o caracteres de cada virtud particular, y los diferentes grados de perfección que contienen.

Ante esto mi asombro se redobló: No podía persuadirme de que un hombre que nunca había estudiado pudiera hablar de los temas más sublimes de la misma manera que si hubiera sido uno de los más doctos profesores de Divinidad. Le interrumpí, pues, para preguntarle si había estudiado Divinidad. "Yo, Padre", respondió con mucha humildad, "No, nunca estudié Divinidad; no soy más que un pobre ignorante". Esta respuesta me sumió de nuevo en todas mis dudas, de modo que no pude determinar si los conocimientos que tenía eran efecto del estudio y de sus propias reflexiones, o si Dios no se los había impartido por comunicación e inspiración inmediatas.

La claridad y exactitud con que Benito expresaba todos sus pensamientos, desplegaba todas las mociones de su corazón y las hacía visibles a mis ojos; el relato particular de las aflicciones por las que Dios le había hecho pasar, las gracias y favores que había recibido de Dios y lo que siempre había hecho para corresponder a estos favores y gracias; la ternura de su conciencia; su singular pureza de corazón; sus sentimientos de profunda humildad; y su sencillez como la de un niño de pecho, unida a una extraordinaria prudencia, todo ello unido y llevado a un grado muy eminente, fijaron inmediatamente mis ideas y mi juicio acerca de él. Vi en este pobre mendigo a un hombre extraordinario, de quien Dios, por caminos que confunden toda prudencia humana, se servía como instrumento de sus grandes designios. Me sentí impulsado a entrar en los designios de su divina Providencia, y me creí obligado a corresponder adecuadamente a la confianza que Benedicto depositaba en mí, y a prestarle todos los servicios que estuvieran a mi alcance.

Cuanto más conocía su conciencia, tanto más admiraba su noble y excelsa alma, y las extraordinarias gracias y favores con que estaba enriquecida. Dios le ha revelado a veces la suerte de mi propia alma, y mis pensamientos más secretos; y Benito me los ha mencionado muchas veces. Sin duda la Providencia había dispuesto que la revelación hecha a Benito sobre la suerte de mi propio interior fuese una cierta seguridad de las predicciones que se referían a él mismo, y que sucesivamente iban a sucederle hasta el fin de su vida.

Debo añadir aquí que en todas las conversaciones que tuve con él, siempre me informaba de algo que Dios había operado en su alma, y que estas cosas en gran medida se relacionaban con la manera en que Él se complacería en hacerlo glorioso en este mundo, inmediatamente después de su muerte.

Hemos visto que el Siervo de Dios, desde su infancia hasta el fin de su vida, avanzó progresivamente y a grandes pasos, en la observancia de todas las leyes y mandamientos de Dios. Pero en verdad puede decirse que en el último año de su vida, llevó en la tierra la vida de un ángel: por una adición de fervor que es imposible de expresar. Derramaba su alma con la mayor humildad en presencia del Señor; sus pensamientos y su corazón estaban enteramente absortos en el amor de Dios; y su cuerpo, que estaba mortificado y sometido perfectamente, parecía no ser más que un esqueleto, cubierto sólo con una piel.

El viernes de la semana de Pasión, cinco días antes de su muerte, tuve una conversación con él, que fue la última vez que hablé con él; y esta conversación parece tener tanta importancia, que creo muy necesario hacer un relato particular de ella.

Es bien sabido que este día es señalado por la Iglesia para la solemne conmemoración anual de los dolores de la Santísima Virgen. En la mañana de este día, vino a la Iglesia del Colegio Romano, para hacer su confesión. Lo encontré cerca del altar de la Santísima Virgen, ocupado en un profundo recogimiento y meditación; y su cuerpo estaba en ese estado de inmovilidad al que acostumbraba cuando rezaba. Le miré con mucha atención y me sorprendió ver que, contrariamente a su costumbre, llevaba un bastón en la mano. Se había hecho necesario para sostener su cuerpo demacrado y debilitado. Mira, me dije, y mientras le hablaba, mira a qué estado le han reducido sus austeridades; no tardará en morir mártir de la penitencia. Y durante todo ese tiempo, a pesar de la particular consideración que yo le tenía, y que él conocía perfectamente, como consecuencia de todo lo que le había dicho acerca de las severidades que ejercía sobre su cuerpo, ni una sola vez se me ocurrió hablarle de su salud; mucho menos se me ocurrió exhortarle a que se cuidara y moderara sus austeridades penitenciales.

Seguí hablando con él, y al mismo tiempo miré y reflexioné sobre sus andrajosos vestidos, que tan desagradables a la vista parecían; su carne de aspecto lívido y mortificado: y me fijé particularmente en su mano y brazo derechos; cuando inmediatamente surgieron en mi mente de manera confusa algunos pensamientos, muy distintos de los anteriores. Tal vez, me dije, estos harapos que ahora me parecen tan desagradables, dentro de poco puedan ser preferidos a las más ricas sedas; tal vez puedan ser honrados como las reliquias de un santo; pero, pensé, antes de que estos harapos puedan llegar al punto de ser venerados, deben suceder acontecimientos muy grandes y extraordinarios. ¡Oh, qué gran consuelo me proporcionó! Cuánta razón tengo para bendecir a Dios, que es el autor de toda santidad, y que es tan maravilloso en todos sus santos; para ser, como lo fui, inmediatamente después de su muerte, testigo de la impaciencia de todos los habitantes de Roma, grandes y pequeños, desde la gente común hasta los de más alto rango; para ver y venerar esos mismos harapos, y todo lo demás que había pertenecido al Siervo de Dios.

En fin, debo añadir, lo que en verdad debe parecer muy extraordinario, que ni en este, ni en ningún otro momento, se me ocurrió exhortar al Siervo de Dios a no ser tan descuidado en cuanto a la apariencia externa de su cuerpo, ni siquiera a librarse de las picaduras de los molestos insectos que lo rodeaban, y que no podían dejar de ser para él la ocasión de un tormento en su propia naturaleza tan humillante como insoportable.

Fue por esta última razón que siempre tomé la precaución de no oír nunca su confesión, sino en un confesionario, con el propósito de que pudiera haber algún tipo de separación entre nosotros; pero por esta vez cambié mi opinión con respecto a esa práctica; y pensé que era más justo para mí tomar tal precaución en favor de las personas que frecuentaban el mismo confesionario, que tomar esa precaución en favor de mí solo.

Le conduje, pues, hasta la puerta del Colegio Romano, y le hice entrar en la habitación del Portero sin que nadie le viese; allí me senté para oírle; y estando él de rodillas, dos torrentes de lágrimas brotaron de sus ojos; pero aunque sus lágrimas corrían en abundancia, no iban acompañadas de ningún suspiro ni gemido. El Siervo de Dios me repitió entonces muchas cosas que se referían particularmente a mí, y que ya me había contado anteriormente en diferentes ocasiones.

Observé que en este momento mostraba un mayor empeño en confesarse que el que yo había notado antes; pero al mismo tiempo, no encontré la menor cosa que fuera, propiamente hablando, materia de confesión. La paz, la tranquilidad y el consuelo inundaban su alma, que desde su última confesión había estado completamente libre de toda tentación y de toda angustia interior. Esto se debía, sin duda, enteramente a la bondad de Dios Todopoderoso, que, habiéndole hecho pasar por un gran número de duras pruebas, le había conducido a este día sereno y sin nubes que fija al justo en el estado de perfección y hace brillar sobre su alma la aurora de una eternidad feliz que se aproxima. Debí, en efecto, en aquel tiempo hacer esta reflexión; pero Dios, que quiso que los designios de su Providencia permaneciesen ocultos hasta el fin de la vida de su siervo, no me permitió percibir que Benito venía entonces a prepararse para emprender el vuelo a las eternas mansiones de los santos.

Una nueva circunstancia que se produjo entonces también podría haberme dado alguna previsión de su muerte. Otras veces, antes de despedirnos, teníamos la costumbre de acordar el día en que volvería; yo iba a preguntarle, pero él, como no parecía pensar en ello, o tenía sus pensamientos ocupados en otra cosa, el designio que yo había tenido se me escapó, y nos despedimos sin fijar ningún día en particular.

Le había dicho que podía comulgar en cualquier iglesia a la que le inclinara su devoción; tomé esta precaución porque no siempre comulgaba en la iglesia donde yo le confesaba. Me dio a entender, por una inclinación de su cabeza, que comulgaría en la iglesia del Colegio Romano. Juntando las manos y haciéndome una leve reverencia, me dejó. Esta fue la última despedida que recibí de este pobre siervo de Jesucristo.

En efecto, desde entonces no le volví a ver hasta el día en que, por una nota que me envió el Sr. Mancini, informándome de que había emprendido el vuelo hacia una feliz eternidad, me dirigí a la iglesia de Santa María de Monti. Allí, siguiendo a una numerosa y continua muchedumbre de gente, fui conducido a una capilla particular, justo al lado de la sacristía, en la que habían depositado el cadáver del Siervo de Dios sobre dos bancos, y donde lo vi rodeado de una gran multitud de personas, que rendían al cuerpo del difunto las primicias de su veneración y devoción.

Repetí entonces en mi interior, estos pensamientos que mi corazón había albergado al oír las primeras noticias de su muerte: Oh felices austeridades penitenciales, que sin duda, le han llevado en pleno vuelo a la gloria del Paraíso Celestial. Procederemos ahora a dar cuenta particular de su feliz partida de esta vida.

LA MUERTE DEL SIERVO DE DIOS

Es una máxima entre los escritores espirituales, que así como un hombre vive, así generalmente muere. Y es una máxima tan cierta, que a lo largo de toda la Escritura sólo encontramos un caso de una persona que muere bien después de haber vivido una vida malvada. Los hombres malvados a menudo mueren en la desesperación, porque han vivido una vida de pecado, y amado sus crímenes: pero el alma del hombre justo, siendo sin mancha, y preservado en ese estado por la inocencia, o purificado por la penitencia, su muerte es preciosa a los ojos de Dios. Esta es una sana reflexión que debe hacerse todo aquel que lea el relato de la muerte de Benito José Labre.

Casi todos los días, pero sobre todo a partir del mes de septiembre de 1782, percibí que su salud estaba cada vez más deteriorada y que se hundía poco a poco bajo las austeridades de la penitencia.

Las fatigas de los largos viajes habían agotado su salud y sus fuerzas. Había experimentado y pasado por el cambio de diferentes climas, la vicisitud de las estaciones; había soportado resfriados muy severos, y calores excesivos; y había viajado a lugares a una distancia inmensa unos de otros; de modo que su celo parecía no tener límites, ni podía ser vencido por ningún obstáculo. Esto fue en los primeros años de su vida penitente; pero después de esto adoptó un curso de penitencia de un tipo muy contrario al anterior. Se entregó a una vida sedentaria, al cese total del ejercicio y a la oración continua. Nunca salía de una iglesia, sino para ir a otra; donde permanecía arrodillado o de pie casi todo el día, tan quieto e impasible como una estatua: tal fue la vida de Benito desde el día en que fijó su residencia en Roma. Tampoco su salud podía sufrir menos por ese extraordinario tipo de tormento, del que hemos hablado antes, que soportaba arrodillándose siempre sobre sus rodillas hinchadas: lo que le privaba de descanso durante el día, y de sueño por la noche, y además en el final de sus días su cuerpo estaba cubierto de llagas y úlceras.

A estos sufrimientos que soportaba con la más consumada paciencia, añadía ayunos y abstinencia en grado sumo. Todo su sustento consistía en una pequeña porción que iba a recibir a la puerta de algún convento u otra casa de caridad pública; pero ni siquiera iba todos los días a recibir esto. Y entre las sobras que se distribuían a los pobres, escogía con frecuencia y por preferencia las que eran peores y menos capaces de nutrir su cuerpo. Es muy cierto que más tarde, con respecto a su comida, me esforcé por moderar su infatigable inclinación a la mortificación, y ordené que entre las diferentes cosas que se le ofrecían, no eligiera lo que consideraba peor; pero una mitigación tan insignificante como ésta no fue suficiente para evitar las consecuencias de sus austeridades penitenciales.

El comienzo de la Cuaresma fue para Benedicto otro motivo para redoblar estas austeridades. Observó el ayuno y la abstinencia aún más rigurosamente de lo que lo había hecho en los años anteriores; y en esta ocasión, no se permitió ninguna mitigación haciendo uso de la dispensa general concedida por el Papa. Y sólo al acercarse la muerte, cuando se encontró con sus fuerzas agotadas, cedió a las súplicas de algún cristiano compasivo y consintió en comer algunos huevos duros y mezclar un poco de vinagre con el agua que bebía.

Un cuerpo tratado con tanta severidad no podía dejar de convertirse rápidamente en víctima de la penitencia, y el vivo afecto de su corazón contribuyó al mismo tiempo a acelerar la consumación de su sacrificio.

Sólo los cristianos verdaderamente generosos pueden concebir cuán grande es la aflicción de un alma que arde en ardiente amor a Dios y al prójimo: cuando por una parte ve los ultrajes más atroces ofrecidos a la Soberana Majestad de Dios, y por otra ve a los mortales insensatos cometer estos ultrajes, corriendo de cabeza a su propia destrucción, y sumiéndose en los males más espantosos e irremediables.

Benito tenía en su corazón el más ardiente amor a Dios, y su amor al prójimo no era superado sino por el amor que tenía a Dios. Vio la bondad de Dios despreciada, y sus mismas bendiciones concedidas al hombre utilizadas como medios e instrumentos para ofenderle; vio la Religión hecha pedazos por herejías y cismas; atacada por infieles, deshonrada por los vicios y las vidas escandalosas de los católicos; sus Sacramentos y sus Templos profanados; y las sagradas instituciones de la Penitencia, los Ayunos y las Abstinencias prescritas por la Iglesia públicamente transgredidas. Benito amaba continuamente a toda la humanidad, a la que consideraba como sus semejantes, creados como él según la propia semejanza de Dios, y destinados a participar de sus divinas bendiciones; como cristianos, como él redimidos por la preciosa sangre de Jesucristo; y como hermanos a los que Dios le había ordenado amar, y por cuya salvación Dios le inspiró siempre el más vivo y ardiente celo; Y era este amor a Dios y al prójimo, considerado conjuntamente con las injurias que a Dios ofrecían los infieles y pecadores escandalosos, y la previsión de la perdición eterna en que tales pecadores hundían sus propias almas, lo que le conmovía y llenaba su alma del más vivo y compasivo pesar. Los que conocían el corazón del Siervo de Dios, atestiguan que el motivo de sus continuos ayunos, de sus austeridades penitenciales, de pasar las noches en vela y oración, de emprender tantos viajes de devoción con tanto valor y resolución, y de llevarlos a cabo aunque le costaran tanto trabajo y fatiga, era compensar de algún modo a Dios por estas injurias que se le ofrecían, y obtener misericordia y la gracia de un sincero arrepentimiento para los infractores.

Así fue como su amor a Dios y a su prójimo le hizo sufrir una especie de doble martirio durante toda su vida, y finalmente le llevó fuera del mundo en la flor de su edad.

El miércoles de la Semana Santa de 1783 fue el momento que Dios había fijado para poner fin a sus austeridades penitenciales y a su vida mortal. Parecía haber sentido un afecto especial por la iglesia de Santa María de Monti. Durante los ocho años en que fijó su residencia en Roma, solía acudir a la hora habitual en que se abrían sus puertas, y allí permanecía ocupado asistiendo a las misas que se celebraban, rezando sus oraciones u oyendo la palabra de Dios, hasta que terminaban los Oficios Divinos.

Este día, después de haber empleado toda la mañana en estos santos ejercicios, hacia la una de la tarde, se le vio caer en uno de los escalones que conducían a la puerta de aquella Iglesia. Inmediatamente los espectadores corrieron a socorrerle; él rogó que le dieran un vaso de agua, que en seguida le trajeron. Lo tomó en sus manos, y con ardientes suspiros y los ojos levantados al cielo, lo ofreció devotamente a Dios. Se observó que después de haber bebido, levantó de nuevo sus ojos desvanecidos, y juntando sus manos, dio gracias a Dios por este pequeño alivio, con una devoción que penetró en los corazones de todos los que estaban a su alrededor y les movió a tener compasión de él.

El Sr. Carlos Antonio María Rinaldi, que fue uno de los testigos presenciales de este hecho, y de quien yo lo oí, me lo relató con el corazón aún encendido de compasión y con lágrimas en los ojos. El Siervo de Dios se hallaba tan débil que no podía levantarse ni tenerse en pie. Algunos se ofrecieron a llevarlo al hospital que estaba muy cerca; otros le ofrecieron su casa; y con mucha ternura desearon que se dejara llevar hasta allí. Él les agradeció amablemente los caritativos cuidados que le dispensaban, pero se excusó de causarles más molestias. En aquel instante llegó el señor Francisco Zaccarelli, que vive justo al lado del cuartel de los Guardias Corsos, cerca de la iglesia de Santa María in Monti, y viéndole en este estado, le dijo: "Benedicto, no estás bien; es necesario que nos cuidemos: ¿me permites que te conduzca a mi casa?". "A tu casa", dijo Benito, "Sí, acepto tu amable ofrecimiento". El señor Zaccarelli, que es carnicero, bien conocido por su buena vida religiosa y por su particular afecto a Benito, hizo que algunas personas lo llevaran a su casa y lo acostaran en una cama, con toda la ropa puesta.

Entonces no se inquietaron por este accidente, pues pensaron que sólo era el efecto de una abstinencia excesiva, y que cuando hubiera tomado algún alimento, recuperaría de nuevo sus fuerzas; y en consecuencia se lo dieron en abundancia. Pero a causa de su extrema debilidad, este mismo alimento, en lugar de ser beneficioso, era pernicioso para él: y sus desmayos aumentaron sensiblemente. Se pensó entonces en darle un poco de galleta mojada en vino, para reanimar sus espíritus oprimidos; pero ahora no era capaz de tragar nada. El reverendo P. Pecillo, uno de los Directores de la Sociedad de Píos Obreros, estaba entonces presente, y fue la persona que había sugerido darle la galleta mojada en vino. Inmediatamente se dio cuenta del peligroso estado en que se encontraba, y le preguntó si había transcurrido algún tiempo considerable desde que había recibido los Sacramentos, y si era consciente de algo que pudiera inquietarle en su mente. Respondió que hacía poco tiempo que había estado en los sacramentos; que daba gracias a Dios, que no sabía nada que pudiera inquietarle y que su alma estaba en paz. Ya hemos mencionado que comulgó el viernes anterior, en la iglesia de San Ignacio, de manos del señor Balducci; el Domingo de Ramos también había comulgado en la iglesia de Santa María la Mayor, hecho del que nos ha informado el señor Mancini: y aunque no tenemos certeza absoluta de ello, sin embargo hay razones para creer que tuvo la dicha de recibir el Santísimo Sacramento, el mismo miércoles por la mañana en la iglesia de Santa María de Monti.

Entretanto, mientras el Siervo de Dios se acercaba a su última hora, había perdido el habla y casi los sentidos. Corrieron a dar cuenta de su situación al Rector de la Parroquia de S. Salvador di Monti, que en aquel momento también estaba enfermo, por lo que envió a su Vicario para atender al enfermo. Pero como Benito no pudo dar ninguna señal de estar en sus cabales, en ninguna de las cuatro visitas que le hizo el Vicario, no le fue posible administrarle el Viático, por lo que se contentó con darle la Extremaunción.

Los Padres de la Congregación de Jesús de Nazaret, que se distinguen por su caridad para con las personas en agonía, al ser informados de la situación de Benedicto, fueron uno tras otro a asistirlo y a continuar con él para ese fin hasta el momento de su agonía. El Rvdo. F. Antonio Lappies, Superior de esa Orden, estaba cenando cuando le dieron la noticia; abandonó inmediatamente la mesa y se apresuró a ir con el moribundo. Fue relevado después por F. Angelo Pelusote; tras él vino F. Andrew Adami, que estaba presente con él cuando exhaló su último suspiro.

Las personas que rodeaban su lecho deseaban invocar la intercesión y la protección de la Santísima Virgen en su favor; y para ello todos se arrodillaron para rezar las letanías de Loreto; y a estas palabras, Santa María, ruega por él, este buen hombre, que siempre había tenido una particular veneración y devoción a la Santísima Madre de Dios, sin ninguna convulsión ni agonía sensible, resignó tranquilamente su alma en las manos de su Creador, al principio de la tarde del miércoles 16 de abril de 1783, teniendo entonces treinta y cinco años y veintiún días.

Su partida de esta vida ocurrió en el mismo momento en que todos los relojes de Roma comenzaban a anunciar la hora de rezar la Salve Regina, que es una forma de oración designada por el Pastor Principal de la Iglesia, para implorar la intercesión y protección de la Santísima Virgen, por las necesidades apremiantes de la Iglesia.

—·—

RELATA LAS COSAS EXTRAORDINARIAS QUE SUCEDIERON ANTES O INMEDIATAMENTE DESPUÉS DE LA MUERTE DEL SIERVO DE DIOS.

Suele suceder que todo lo que se relaciona con este mundo termina para un hombre cuando se le deposita en la tumba. Ese es el período fatal tanto de su fama como de sus esperanzas. Pero, por el contrario, la memoria de los santos es inmortal. Es cuando han llegado a su tumba, que su gloria comienza: y la rápida sucesión de las edades no produce ningún otro efecto con respecto a ellos, sino el de aumentar su fama.

Este es uno de los medios por los que se cumplen los Oráculos Divinos. Quien ha renunciado a todo en este mundo para llevar la Cruz tras Jesucristo, a veces recibe incluso en esta vida una recompensa centuplicada, por todo a lo que había renunciado. Hemos visto que Benito había renunciado a todo, para enterrarse en una vida de pobreza, humildad y oscuridad; y parece que Dios ha considerado apropiado hacer que los honores que se rendirán a su memoria, guarden proporción con las humillaciones que practicó en su vida.

Quince días antes de la muerte de Benito, una monja notable por su piedad, y que en los tiempos en que el Siervo de Dios peregrinaba a Loreto, tuvo algunas conversaciones con él sobre temas de piedad, fue informada por Dios de que en breve cosecharía una hermosa flor en el jardín de M. Paul Mancini. Por este jardín, ella entendía el Hospital de los Pobres, del cual él tiene el cuidado y la administración. La carta que envió a ese Reverendo Eclesiástico fue enviada antes de que nadie pudiera sospechar que la muerte de este pobre Siervo de Dios estaba tan próxima. En el momento de su muerte, la misma Monja escribió de nuevo y le informó que la flor que ella había mencionado antes, era Benedicto José Labre, a quien el Señor había trasplantado entonces a los felices jardines de la Jerusalén celestial.

Al mismo tiempo, Dios dio un aviso similar de su muerte en Loreto. Benedicto, durante los días que permaneció en Loreto, en sus peregrinaciones anuales a ese lugar, fue siempre recibido en la casa del Sr. y la Sra. Sori, quienes habían prevalecido sobre él para que aceptara un pequeño apartamento. Por lo tanto, daremos sus declaraciones palabra por palabra, tal como están contenidas en un acta auténtica redactada por un notario para servir en el proceso de su canonización. "En los últimos días de la última Cuaresma (dicen ellos, es decir, el Sr. y la Sra. Sori), conversábamos sobre Benedicto José, imaginando que pronto vendría a Loreto. Nuestro hijo, que se llama José y sólo tiene cinco años y cuatro meses, dijo entonces: 'Benedicto no vendrá, Benedicto ha muerto'. Y cada vez que le mencionábamos nuestras expectativas de ver a Benedicto José Labre, siempre decía lo mismo: 'Benedicto no vendrá, Benedicto ha muerto'. Un día le preguntamos a nuestro hijo cómo sabía que Benedicto no vendría. A lo que respondió: "Mi corazón me lo dice". Y a la misma pregunta que se le hacía con frecuencia, siempre recibía la misma respuesta: 'Mi corazón me lo dice'". La Sra. Sori, en su declaración dice: "El Jueves Santo de este mismo año, dije estas mismas palabras. Este es el día en que Benedicto vendrá. Debo prepararle su pequeño apartamento; y mi hijo Joseph, que me oyó decir esas palabras, respondió inmediatamente: 'Ya te he dicho que Benedicto no vendrá. Benedicto se ha ido al C ielo'".

Lo que sucedió en Roma en el momento de la muerte de este Siervo de Dios no es en absoluto menos sorprendente. Dios, que a veces se complace en hacer de los infantes los publicadores de sus maravillas y de la gloria de su nombre, parece haber ordenado que fueran sus primeros heraldos para anunciar la gloria de su Siervo. Apenas exhaló el último suspiro este pobre discípulo de Jesucristo, los niños de las casas vecinas a la del señor Zaccarelli llenaron toda la calle con su algarabía, gritando al unísono: "Ha muerto el Santo, ha muerto el Santo". Y a la mañana siguiente, las mismas exclamaciones y las mismas palabras se repitieron tanto en la misma calle como en la plaza o lugar amplio ante la iglesia de Santa María de Monti.

Pero poco después, no fueron sólo los niños los que publicaron la santidad de Benito; sino el pueblo, y toda Roma unió sus voces, y repitió las mismas palabras: "Ha muerto un Santo". Un gran número de personas, que han sido eminentes por su santidad y famosas por sus milagros, han terminado los días de su vida mortal en esta gran ciudad; pero la muerte de ninguno de ellos ha provocado nunca una emoción tan rápida y viva en las mentes de la gente, como la muerte de este pobre mendigo: esto provocó una especie de conmoción universal. Por las calles apenas se oía otra cosa que estas pocas palabras. Ha muerto un santo en Roma; ¿dónde está el lugar donde murió el santo?

La gente corrió en tal número hacia la casa del señor Zaccarelli, que éste se vio obligado a permitirles la entrada; pero se llamó a una guardia de soldados corsos para mantener a raya a la multitud y preservar el orden.

Los habitantes de este barrio, deseosos de asegurarse la posesión de sus preciosos restos, rogaron que fuera enterrado en la iglesia de Santa María de Monti, pues ésta era la iglesia que Benedicto había frecuentado más durante su vida, y puede decirse con verdad que, desde que fijó su residencia en Roma, había pasado en ella la mayor parte de su vida. Pero el rector de la parroquia de San Salvador insistió en que fuera enterrado en su iglesia. Esta oposición que encontraron, hizo que se pusieran manos a la obra, y pronto descubrieron que Benito no era habitante de la Parroquia de S. Salvador, sino de S. María di Monti. Por lo tanto, solicitaron al Rector de esta

Parroquia este favor, que les fue concedido. Y el Rector de la Iglesia de Santa María de Monti, una vez asegurada la licencia necesaria, se unió a los deseos de sus celosos feligreses, y preparó las exequias fúnebres del Siervo de Dios, que se llevaron a cabo a expensas de su amigo el Sr. Zaccarelli.

El pueblo, que ahora esperaba con impaciencia el traslado de su cuerpo, la multitud no cesaba de aumentar, la guardia se redobló, y los soldados que acompañaban al cadáver mantenían al pueblo en buen orden y componían al mismo tiempo una especie de cortejo fúnebre.

Desde el momento en que el cadáver salió de la casa, hasta el final del servicio fúnebre, se vio un espectáculo muy difícil de describir. Algunos unían sus voces a las de los cantores de la Iglesia y publicaban las alabanzas del Siervo de Dios; otros, en voz alta, ensalzaban la felicidad de que tuviera una muerte tan preciosa. Estos derramaban lágrimas de devoción en abundancia; y los otros, lágrimas de compunción. La gracia interior de Dios se mezcló en cierto modo con las primeras impresiones que este espectáculo produjo en sus sentidos. Muchos grandes pecadores se sintieron agitados y turbados de espíritu al considerar su vida pasada, e inmediatamente formaron propósitos de enmienda, a los que Dios dé su bendición y haga eficaces.

Éstas fueron las felices primicias de las almas convertidas en el Sepulcro, y por la intercesión de este Siervo de Dios, que por su conversión había ofrecido tantas oraciones, tantos suspiros, tantas lágrimas, tantos trabajos y tantas austeridades.

La solemnidad del Jueves Santo no permite que nadie sea enterrado en Roma en ese día; por lo cual el cadáver del Siervo de Dios fue depositado en un lugar de la iglesia que se une a la sacristía.

En los alrededores del señor Zaccarelli no había ninguna persona que supiera que yo era el confesor de Benito, de modo que hasta la mañana siguiente a su muerte el señor Mancini no les informó de ello; y ésta fue la razón por la que yo no supe nada de lo que había sucedido hasta el viernes por la mañana, cuando el señor Mancini me envió una nota para ponérmelo al corriente.

Una vez terminadas las exequias, la devoción y la afluencia de gente aumentaron de manera extraordinaria. El Cardenal Vicario dio permiso para suspender la inhumación de su cuerpo durante cuatro días, y al mismo tiempo se tomaron las debidas precauciones para mantener el orden y evitar tumultos.

La afluencia de gente durante estos cuatro días, en lugar de disminuir, parecía aumentar a cada hora. Personas de todas las edades, estados y condiciones, corrían, se apretujaban entre la multitud y se confundían unas con otras. Personas de primera fila captaban los ansiosos deseos de la gente, y los aumentaban con su ejemplo. Se veía a unos hacer todo lo posible por abrirse paso entre la multitud y llegar hasta el Siervo de Dios, y a otros arrodillarse a sus pies; a unos, con extraordinaria devoción, tocarle el cuerpo con sus rosarios; a otros besarle las manos y bañárselas con sus lágrimas: y todos mostraban su sorpresa y admiración, cuando al tocarle unas veces las manos, otras los pies, o cualesquiera otras partes de su carne, las encontraban igualmente blandas, flexibles y en un estado perfectamente sano e incorrupto.

El Domingo de Pascua por la tarde, que era la hora señalada para la inhumación del Cuerpo de Benedicto, el Cardenal Vicario envió a la Iglesia de Santa María di Monti, al Sr. Coşelli, uno de los Canónigos y su Procurador General, así como a un Notario Apostólico y a un Cirujano. Llevaron consigo un gran número de personas para que fueran testigos de sus actuaciones, que por su calidad, edad y condición eran plenamente capaces de dar fe y autenticidad a las actas que debían redactar, como consecuencia del más riguroso examen. Y por el relato particular de sus procedimientos, todo el mundo puede ver con qué sabiduría y prudencia ejecutaron su comisión.

Parece evidente, tanto por la información que tomaron como por sus propias observaciones y experimentos repetidos muchas veces por ellos y por los testigos, que el cuerpo no exhalaba el menor olor desagradable ni mostraba ningún signo de putrefacción, sino que, por el contrario, la carne era perfectamente flexible y elástica de la misma manera que la carne de un hombre vivo que se encuentra en buen estado de salud.

Hemos juzgado oportuno relatar aquí varias otras particularidades relativas a la flexibilidad e incorrupción del cuerpo de Benito, aunque sin pretender que se consideren absolutamente milagrosas, a menos que en lo sucesivo adquieran esa certeza y autoridad, como consecuencia de una investigación y examen más minuciosos y perfectos de los hechos.

Hemos mencionado antes los dos tumores o hinchazones que cubrían ambas rodillas del Siervo de Dios; así como la causa de donde surgieron esas hinchazones; y los dolores insoportables que necesariamente debió sufrir como consecuencia de esas hinchazones.

Dios les propuso inmediatamente examinar estas hinchazones en las rodillas de Benito. Encontraron que las dos hinchazones eran como dos globos de un tamaño considerable; pero la carne era tan flexible y elástica, que cuando cualquiera las había presionado con su dedo, las veía volver inmediatamente a su forma original de sí mismas, y eso por la mera acción de los músculos. Este fenómeno era en todo semejante al que se observa al presionar la carne de un hombre vivo. Un gran número de personas se convencieron de ello probando el experimento. Y yo mismo tengo mi propia experiencia para mi bono, porque he intentado muchas veces el experimento, y siempre con el mismo éxito.

Otra cosa de la que tenemos que hablar, y que parece no menos extraordinaria, ha sido atestiguada por muchas personas, y particularmente por F. Francis Bagnagatti, uno de los miembros de la Congregación de los Píos Obreros. El jueves por la noche, el cuerpo de Benedicto estaba todo bañado en sudor, y en tal abundancia que su rostro parecía bañado y cubierto de él. El hermano Bagnagatti, que me relató este hecho, limpió la cara de Benito con el capuche con el que tenía cubierta la cabeza. El capuche estaba completamente mojado con su sudor. Este capuche lo conservo cuidadosamente en mi poder, y conserva muy claramente las manchas hechas en él por la cantidad de sudor que había absorbido y con el que estaba totalmente impregnado. El mismo fenómeno se repitió el sábado y ha sido certificado por muchos testigos oculares, que, para convencerse mejor, se aplicaron las manos a la cara.

Pero volviendo ahora de nuevo al tema de esta narración, daremos cuenta de un tercer hecho extraordinario que es aún más asombroso que los dos anteriores. Y para observar la más exacta fidelidad, haremos poco más que transcribir el proceso verbal redactado por el Comisario del Cardenal Vicario en el mismo lugar y en el mismo momento en que sucedió, en presencia de un gran número de personas que fueron testigos presenciales del hecho.

Después de haber examinado y comprobado, por muchas observaciones y repetidos experimentos, el estado de incorrupción y la flexibilidad de los miembros y de la carne del Siervo de Dios, pensaron en cambiarle de ropa y ponerle un hábito blanco, que es el vestido peculiar de los miembros de la Sociedad de S. María ad Nives, a la que le habían asociado después de su muerte. Y estando el cuerpo hasta entonces tendido sobre dos bancos, que colocados uno junto al otro formaban una especie de mesa, para ponerle el hábito fue necesario levantarlo y colocarlo en una postura adecuada. Francisco Bagnagatti, sosteniéndole por los hombros, extendió su mano izquierda y la apoyó en la tabla de uno de los bancos, como si quisiera sostener su cuerpo para evitar que cayera, después de estar en una actitud natural y apropiada para este propósito. El cuerpo estaba rodeado por todas partes por un gran número de espectadores: Yo mismo estaba de pie a sus pies, y luego tenía los ojos vueltos hacia una mesa donde una persona estaba transcribiendo una nota o memorial en latín que luego iba a ser encerrado en un estuche de plomo, y colocado en el ataúd de Benedicto.

Ante el ruido que oí por todas partes, y las muestras de asombro que percibí en todos los semblantes, volví la cara hacia Benito, y no quedé menos sorprendido que los demás espectadores cuando observé la actitud de su cuerpo en aquel momento.

Algunos de los testigos, deseosos de cerciorarse plenamente de si lo que había sucedido, y que parecía maravilloso, no procedía de una causa natural, o era efecto de la mera casualidad, desearon que el cuerpo se inclinara un poco más hacia el lado izquierdo. Este experimento fue probado en consecuencia. Si la mano y los dedos no hubieran estado más que simplemente aplicados al banco; si los músculos no hubieran estado en un estado de tensión y contracción real; entonces cuando el cuerpo estuviera más inclinado hacia el lado izquierdo, la mano seguiría naturalmente el movimiento y la inclinación del cuerpo, y por su propio peso se aflojaría y caería más bajo que el banco; pero en lugar de esto, que era natural y necesario, la mano permaneció fija a la tabla del banco en el mismo lugar, hasta el momento en que los espectadores la aflojaron.

No se limitaron a este primer experimento; lo repitieron una y otra vez, y cuantas veces se repitió, apareció el mismo fenómeno. En efecto, uno de los asistentes pidió que se soltase la mano del banco, y que el cuerpo se colocase de nuevo en su actitud anterior; después, como consecuencia de esta petición, volvió a estar en posición sentada; y los ojos de todos los espectadores estaban fijos en el cuerpo de Benedicto a la expectativa de lo que pudiera suceder, y yo mismo estaba particularmente atento a esa misma mano: Vimos que el cuerpo se sostenía naturalmente, de la misma manera que lo habíamos visto sostenerse antes; y de la misma manera la mano se sujetaba y apretaba el banco, de tal manera que el pulgar y la palma de la mano presionaban la parte superior del banco; y los dedos estaban apretados debajo de él, el cuerpo realizaba y representaba la acción y la actitud de un hombre vivo.

Algún tiempo después, le soltaron la mano, y se convencieron de la realidad de la flexibilidad de sus dedos, y de la extensión y el juego de los músculos.

Añado que a través de toda la longitud de la mano, del brazo izquierdo, e incluso hasta la mitad del pecho del mismo lado; se observaron las mismas contracciones, y el mismo juego en todos los músculos, como podría haberse observado en cualquier persona viva, que queriendo sostener el peso de su cuerpo en la misma actitud, se agarrase a cualquier cosa que estuviera en su camino para servirle de apoyo.

Por prudente precaución, el Notario en esta parte de su Proceso Verbal consignó los nombres y títulos de los testigos; así como los nombres, y títulos, o condiciones de las principales personas que fueron espectadores. El Proceso Verbal, formado en presencia de los testigos, fue inmediatamente enviado a la imprenta, y se hicieron más de ocho mil copias.

Algún tiempo después, cuando hubieron satisfecho la piadosa curiosidad de los que estaban presentes, le quitaron la ropa con toda la decencia adecuada, y después de vestirlo con un hábito blanco, y de envolverlo en una sábana apropiada y decente, fue depositado en un ataúd de madera. Muchas personas que entonces se encontraban fuera y que habían subido a una altura suficiente para ver entre los barrotes lo que se hacía en la Capilla, rogaron con gran insistencia que levantaran la parte de la sábana que cubría la cabeza del Siervo de Dios, y les permitieran el consuelo de echar una mirada de despedida a su rostro.

Esta petición fue concedida, y al mismo tiempo colocaron en el pie del ataúd, cerca de los pies, el estuche de plomo que contenía el Memorándum o Elogio antes mencionado; y en el que estaba estampado el Sello del Cardenal Vicario.

El cuerpo de Benedicto fue después llevado a la Iglesia, y puesto bajo tierra cerca del Altar Mayor, en el lado de la Epístola. Eligieron este lugar en la Iglesia con el consentimiento y permiso del Cardenal Vicario.

La colocación del cuerpo bajo tierra no disminuyó en lo más mínimo la afluencia de gente. Acudieron con el mismo afán a tributarle en su tumba el mismo respeto y veneración que habían tributado a su cuerpo mientras continuaba expuesto públicamente a la veneración de los fieles.

El lunes de Pascua, una inmensa multitud de gente se reunió de todos los barrios de Roma, al oír los extraordinarios favores que Dios, para honrar a su Siervo, había concedido a un gran número de personas que habían implorado su intercesión. Se aumentó el número de soldados destinados a mantener el orden, pero todo fue en vano. El inevitable tumulto, ocasionado por tan gran concurrencia de gente, les obligó a renunciar a celebrar las Misas y los Oficios Divinos y también les impuso la necesidad de trasladar el Santísimo Sacramento del Altar Mayor a una capilla interior. Algunos días después, cuando se vio que las precauciones más prudentes eran insuficientes para contener a la multitud, llegó una orden de los Superiores de cerrar la iglesia y una prohibición expresa de abrirla para cualquier persona. Se colocaron soldados continuamente en el exterior para vigilar la puerta; esta nueva precaución se juzgó necesaria para evitar el calor de un celo indiscreto.

La orden de los Superiores fue obedecida, pero la iglesia no dejó de estar continuamente rodeada, tanto de día como de noche, por una gran multitud de personas, algunas de las cuales rezaban de rodillas en las calles adyacentes, y las que podían acercarse más se arrodillaban al pie de los muros.

La iglesia permaneció cerrada durante dos días enteros, y se pensó que ahora podrían levantar la prohibición sin peligro de que se produjera ningún inconveniente. Pero tan pronto como se difundió el rumor de que la iglesia se abriría de nuevo, las multitudes comenzaron a reunirse de nuevo, por lo que fue necesario formar un recinto alrededor de la Tumba y mantener alejada a la gente mediante una balaustrada, alrededor de la cual se colocó un número suficiente de soldados para evitar cualquier disturbio. Esta guardia se consideró necesaria y se mantuvo junto a la Tumba del Siervo de Dios durante dos meses.

La noticia de su muerte, y el informe de las circunstancias que la acompañaron, y de las maravillas que Dios había obrado en su Tumba, se extendió por todas las provincias con una rapidez increíble.

La devoción de los extranjeros comenzó a unirse a la de los habitantes de Roma. Y ahora llegaba un nuevo flujo de gente de todas partes, y algunos de las provincias más lejanas. Algunos venían a pedir favores temporales o espirituales por intercesión de este pobre seguidor de Jesucristo; otros a rendir su veneración ante su Tumba, o a dar gracias a Dios por las curaciones milagrosas que se les habían hecho, o por algunos favores interiores o exteriores que declaraban haber recibido de Dios por sus méritos e intercesión.

Si consideramos bien los hechos extraordinarios que precedieron y acompañaron a estas curaciones milagrosas, que la fama ha divulgado por todas partes, si consideramos las curaciones en sí mismas, su número, sus diferentes clases, la variedad y la gran distancia de los lugares donde se realizaron; y todas las demás circunstancias que prueban su verdad y su autenticidad: por incrédulo que sea un hombre, le resultará sumamente difícil resistirse a esa convicción que naturalmente se desprende de la multitud, la autoridad y la combinación de sus pruebas.

Es cierto que hasta que la Iglesia no se haya pronunciado, debemos suspender nuestro juicio sobre ellos. La prudencia debe frenar la precipitación de un celo indiscreto. Y el que las pruebas no hayan sido todavía examinadas y aprobadas por la autoridad legítima, es razón suficiente para que no las publiquemos como milagros incontestables. Pero al menos podemos afirmar, sin temor a ser acusados de precipitación y temeridad, que la verdad de un gran número de curaciones extraordinarias se basa en la más fuerte presunción imaginable.

Pues ¿de qué clase de curaciones hablamos ahora? De curaciones que son tan sorprendentes por su multitud como por su variedad: de curaciones de desórdenes extendidos por todos los miembros del cuerpo humano y todos los órganos de los sentidos; y en muchos casos, de largas enfermedades, de desórdenes de diez, veinte y treinta años de duración, y a los que algunos habían estado sujetos incluso desde su mismo nacimiento. Hablamos aquí de trastornos cuya existencia era incuestionable y cuya curación era instantánea. Hemos creído conveniente mostrar aquí a nuestro lector cuán larga podría ser una lista de ellos, si tuviéramos que dar una cuenta particular de cada uno de ellos. Pues vemos que se han curado cánceres, fístulas, epilepsias, gangrenas, mortificaciones, raquitismo, esciros, lombrices, imposturas, hidropesía, apoplejías, úlceras, consunciones, asmas, escorbutos, ceguera, sordera, fracturas y miembros rotos.

Hablamos además de curaciones maravillosas, publicadas no sólo en Roma, sino en una multitud de lugares muy distantes tanto de esta Capital, como entre sí; es decir, en Nápoles, Génova, Malta, Milán, Bérgamo, Capua, Perugia, Bolonia, en el Condado de Venaissin, en Francia, y en un gran número de otros lugares que sería demasiado tedioso ahora enumerar.1

Hablamos en tercer lugar con respecto a muchos de ellos, que son curaciones cuyos relatos van acompañados de certificados de médicos y otras personas inteligentes, que atestiguan tanto el estado natural incurable anterior de los pacientes, como la transición repentina de ese estado a un estado de salud, así como la permanencia de la curación. Y algunos de esos relatos van acompañados del testimonio de las propias personas en las que se produjeron esas curaciones milagrosas, y que atribuyen la recuperación de su salud a la intercesión de Benito, a quien habían invocado para que intercediera ante Dios en su favor.

En una palabra, hablamos aquí de curaciones que se han realizado, no sucesivamente en un largo espacio de tiempo, sino que se han realizado en un espacio muy corto: y tan rápidamente que no se puede decir de ninguna manera que el entusiasmo de una ciudad haya sido producido por el entusiasmo de los otros lugares donde han ocurrido estos hechos extraordinarios.

En Roma se publicaron relatos de curaciones en la misma semana en que el Siervo de Dios partió de esta vida. En todos los demás lugares, donde se han realizado curaciones similares, muchas de ellas se han llevado a cabo inmediatamente después de que llegaran las noticias de lo que se había hecho en Roma.

Durante los tres primeros meses después de la muerte de Benito, apenas ha pasado una semana en la que no haya habido en Roma algún proceso verbal de curaciones milagrosas, o en la que algunas personas en las que se han realizado curaciones milagrosas no hayan llegado para publicar en la Tumba de este pobre Siervo de Jesucristo, tanto su fama como su propia gratitud a Dios por los beneficios que les han sido concedidos por su intercesión.

Por una singular disposición de la divina Providencia, los detalles de su vida, desde su infancia hasta su muerte, han sido conocidos, publicados y probados de una manera tan pronta, y al mismo tiempo con tanta exactitud, que esto en sí mismo puede ser justamente considerado como una cosa muy extraordinaria. De aquí pasaron de la admiración por las maravillas atribuidas a su intercesión, a la admiración por sus virtudes; y estas dos causas se unieron, confirmaron y contribuyeron cada vez más a extender la fama de su santidad, que inmediatamente se difundió por toda Europa con una rapidez increíble.

Como Dios se complacía en hacer resplandecer cada día la gloria de Benito con nuevos favores, el Cardenal Vicario creyó un deber dar sus órdenes para comenzar los procedimientos preliminares, que siempre sirven de introducción al Proceso de Beatificación y Canonización de los Santos. Y por lo tanto, publicó sus órdenes para comenzar las solemnes formalidades, prescritas por los Papas Urbano Octavo e Inocencio Décimo.

El Arzobispo de Nocera fue delegado en el mes de mayo de 1783, para recibir la información jurídica relativa a esas curaciones milagrosas y examinar a los testigos que debían comparecer para este propósito y que debían declarar bajo juramento la verdad de los hechos que afirmaban.

El Reverendo F. Palma, Rector de la Iglesia de S. Maria di Monti donde Benedicto fue enterrado, fue nombrado para desempeñar el cargo de Procurador en la causa. El Canónigo Cocelli, Procurador General del Vicariato de Roma, fue designado para desempeñar la función de Procurador, y el Sr. Cicconi, la de Secretario de la Comisión.

Las informaciones tomadas en Loreto por autoridad de la Santa Sede, y las tomadas en Francia, donde nació el Siervo de Dios, por el Obispo de Boulogne, ya han sido remitidas y recibidas por la Congregación de Ritos: y el Proceso se está llevando a cabo con la mayor diligencia y éxito.

Como hijos obedientes de la Iglesia, debemos esperar su decisión con respeto. Todo concurre para darnos esperanzas de que estas palabras de Salomón se verificarán plenamente en la persona de este pobre seguidor de Jesucristo. Hay un hombre marchito que necesita ayuda, es muy débil y está lleno de pobreza; sin embargo, el ojo de Dios lo ha mirado para bien, y lo ha levantado de su baja condición, y ha exaltado su cabeza; y muchos se han maravillado de él, y han glorificado a Dios. 2

EL PROCESO VERBAL.

Comenzó el Domingo de Resurrección, cinco días después de la muerte del Siervo de Dios, e inmediatamente antes del entierro de su cuerpo.

A petición del Sr. Cayetano Palma, Superior de la Congregación llamada de los Píos Labradores, y Rector de la Iglesia de Santa María de los Montes en Roma, yo, el infrascrito Notario, acompañando al Sr. Lucas Antonio Cofelli, Canónigo, y a los Sres. Luke Anthony Cofelli, Canónigo, Procurador General y Secretario del Tribunal del Vicariato de Roma, me dirigí hacia las cuatro de la tarde a dicha Iglesia de Santa María de Monti, adonde llegué, y habiendo entrado con gran dificultad por la pequeña puerta lateral, a causa de la gran multitud de gente que se agolpaba por todas partes. Fui conducido a un pasadizo contiguo a la Sacristía, y en medio del cual encontré un cadáver humano tendido sobre bancos, y vestido con una túnica blanca, conforme a la costumbre de los miembros de la venerable Cofradía de S. María ad Nives, ceñido con un cordón propio de este hábito, con las manos colocadas en forma de cruz sobre el pecho, y sin exhalar ningún olor, ni agradable ni desagradable.

A continuación, el Canónigo Sr. Cofelli, actuando en virtud de la autoridad que le había sido concedida por Su Eminencia el Cardenal Marco Antonio Colonna, Vicario de Roma, ordenó que para evitar el ruido inseparable de la presencia de una multitud de personas, el cuerpo fuera conducido a la Sacristía, contigua a dicho pasadizo, lo que fue inmediatamente ejecutado con la ayuda de los soldados.

Paul Mancini, Mr. Francis Zaccarelli, y Mr. Peter Sentoli: todos los cuales, después de haber visto y contemplado atentamente dicho cadáver, afirmaron bajo juramento que sabían que era el cadáver del siervo de Dios, Benedict Joseph Labre, a quien todos ellos conocían perfectamente mientras vivía; y cuya alma ahora creen piadosamente que fue recibida en las mansiones del descanso eterno, el miércoles dieciséis de abril del presente año, que fue el día de su muerte, y que ocurrió en la primera hora después de la puesta del sol, en la casa de Mr. Zaccarelli, que se encuentra cerca de la mencionada iglesia de Santa Maria di Monti. Todo lo cual afirman ser cierto y según su perfecto conocimiento, habiendo hablado y conversado familiarmente muchas veces con dicho Benedicto José Labre durante su vida. A lo que el Sr. Marconi añadió, que había escuchado sus confesiones sacramentales durante un considerable espacio de tiempo. Y el Sr. Mancini añadió, que durante mucho tiempo le había dado alojamiento por la noche, en el hospitium destinado a los pobres.

La prueba de la identidad del cuerpo se terminó y se llevó a cabo de tal manera que en lo sucesivo será imposible ponerla en duda: El Sr. Coëlli, considerando que la sacristía estaba llena de una gran multitud de personas, ordenó que el cuerpo fuera envuelto en una sábana, y llevado a una capilla privada cerca de dicha sacristía, donde fue traído con la ayuda de los soldados que despejaron el camino, el cuerpo fue colocado en toda su longitud sobre dos bancos, que habían sido previamente preparados para ese propósito: y que al ser colocados uno cerca del otro, formaban una especie de mesa. El cuerpo fue medido por un carpintero, quien encontró que medía seis palmos y cinco pulgadas de largo. Después de lo cual el Sr. Joseph Chigi, cirujano, nombrado oficialmente para este propósito, después de muchas pruebas y experimentos realizados por él, encontró que el cuerpo era suave, flexible y elástico, en todas sus partes, y no tenía el menor signo de corrupción: que también fue atestiguado por muchas otras personas que estaban presentes, y que se convencieron de la verdad de este hecho, por sus propios experimentos.

Después de haber despojado al cadáver de sus vestiduras con toda la decencia apropiada, cuando llegaron a cambiarle la camisa, para hacer esto, fue necesario levantar su cuerpo: lo cual fue hecho por los enterradores Michael Tricisitto, Francis Bagnagatti, y Camillus Simeoni, quienes colocaron el cuerpo del difunto de tal manera, que la parte inferior de su cuerpo permaneció extendida sobre los dos bancos unidos, y la parte superior de su cuerpo fue levantada en posición vertical: de modo que fue colocado en una postura adecuada. En ese momento se observó que, mientras F. Bagnagatti sujetaba el cadáver por los hombros, el cuerpo del difunto parecía apoyarse en la tabla del banco y, de un modo natural, soportar su propio peso.

Los presentes se percataron de este fenómeno y quisieron comprobar si no se trataba de una casualidad. Con este fin, inclinaron el cuerpo un poco más hacia el lado izquierdo; sin embargo, la mano continuó sujeta al banco hasta que uno de los espectadores la soltó de él.

Desprendida y retirada así la mano, inclinaron el cuerpo un poco hacia la derecha para colocarlo de nuevo en una posición adecuada, cuando vieron que se apoyaba por segunda vez en el borde del banco, de modo que parecía sostenerse de la misma manera que lo había hecho antes: es decir, con los dedos apretados bajo el banco, y el pulgar y la palma de la mano apoyados en la parte superior del banco, y por este medio, adoptando en todos los aspectos la actitud en que se colocaría un hombre vivo.

Algún tiempo después aflojaron y levantaron la mano, y comprobaron que los dedos eran flexibles, como ya se ha dicho.

Este fenómeno fue notado por todos los presentes, entre los que se encontraban el Sr. Palma, Rector, los hermanos Miguel Tricotto, Francisco Bagnagatti, Camilo Simeoni, así como el Sr. José Noel Duvalpino, de la Orden de San Vicente de Paúl, el Sr. Fidelis, de la Orden de San Juan Bautista de La Salle, y el Sr. Juan Pablo II. Vicente de Paúl, el Sr. Fidelis Relaghati, Abogado, el Sr. Marconi, el Sr. Mancini, el Sr. Marco Antonio Colonna, el Sr. Miguel Ángel Bove, el Sr. Pedro Pablo de Lunel de la Rovere, el Sr. Mateo Angeletti, y varios otros.

Luego vistieron el cadáver con un nuevo hábito, según la costumbre de los Hermanos de la mencionada Sociedad de S. María ad Nives, y asimismo lo ciñeron, según la costumbre de dicha cofradía, con un cordón propio de este hábito. Y luego el cuerpo, siendo envuelto en una sábana, fue colocado en un ataúd de madera de castaño, que había sido preparado para este propósito, y que tenía ocho palmos y once pulgadas de largo, dos palmos y cinco pulgadas de ancho hacia la cabeza, un palmo y seis pulgadas de alto hacia la cabeza; y a los pies, su ancho era de un palmo y dos pulgadas y media; y un palmo y dos pulgadas de alto.

A sus pies estaba colocada una caja de plomo, atada firmemente alrededor con una cinta de seda verde, sellada con lacre rojo, con el Sello de Su Eminencia el Cardenal Vicario. Esta caja contenía un memorándum en forma de elogio escrito en latín sobre pergamino, que está suscrito tanto por el Sr.

Coëlli, y por mí: y está redactado en estas palabras:

"En el año de Nuestro Señor de 1783, siendo el noveno año del Pontificado de nuestro santo Padre el Papa Pío VI, Benedicto José, hijo de Juan Bautista Labre y de Ana Bárbara Grandmire, nacido en la Parroquia de S. Sulpice d'Amette, en Roma. Sulpice d'Amette, en la Diócesis de Boulogne en Francia, el 26 de marzo de 1748; después de haber pasado su juventud en la constante observancia de muy buena conducta, bajo la instrucción y dirección de su tío paterno, que era entonces Rector de la Parroquia de Erin en la misma Diócesis; Deseoso de progresar en la práctica de las virtudes cristianas y de abrazar una vida austera y penitente, ingresó en la abadía de Sept-Fonts, de la más estricta observancia de la Orden del Císter, y fue admitido a los ejercicios del noviciado el 28 de octubre de 1769. Pero hundiéndose bajo las austeridades que practicaba en este monasterio, una enfermedad que soportó pacientemente durante dos meses, le obligó el 2 de junio a dejar el hábito religioso que había llevado con edificación durante ocho meses.

Tras su salida de la abadía, emprendió varias peregrinaciones. Su devoción le llevó especialmente a visitar la iglesia de Loreto y las tumbas de los santos mártires San Pedro y San Pablo. Después de muchos viajes de piedad, fijó su residencia en Roma, de donde no partió más que para peregrinar cada año a Loreto.

En todos los lugares dio grandes ejemplos de virtudes cristianas, de pobreza evangélica que llevó al más alto grado de perfección, viviendo sólo de las limosnas que se le ofrecían voluntariamente, sin pedirlas; recibiendo sólo en pequeñas cantidades lo que se le ofrecía, y distribuyendo a otros pobres parte de lo que se le daba; era un hombre de profunda humildad, que sentía un soberano desprecio, tanto por el mundo como por sí mismo; practicaba rigurosas austeridades penitenciales y pasaba todo su tiempo, desde la mañana hasta la puesta del sol, en las iglesias de esta ciudad, donde vivía, en el ejercicio de la oración continua. Se hizo famoso por la práctica de todas las demás virtudes: era estimado y querido por todos, aunque sus vestiduras y aspecto exterior eran descuidados y prohibitivos. Un rasgo distintivo de su virtud fue el total desprecio y olvido de sí mismo, para hacer del amor y servicio a Dios su única ocupación.

El 16 de abril de 1783, después de haber rezado durante mucho tiempo, según su costumbre, se desmayó por debilidad, al salir de la iglesia de Santa María de Monti. Como consecuencia de una oferta amistosa que se le hizo, y que él aceptó, fue llevado a la casa de un hombre de buena reputación, que vive a poca distancia de dicha iglesia. Disminuyendo gradualmente sus fuerzas, se le administró el Sacramento de la Extremaunción y, debidamente asistido por los sacerdotes, en el mismo momento en que los presentes rezaban por él, entregó tranquilamente su alma en manos de su Creador, en la primera hora después de la puesta del sol, del mismo día en que cayó enfermo.

A la mañana siguiente, su cuerpo fue trasladado con toda decencia a dicha iglesia, y un gran número de personas asistió a su entierro, que fue realizado a expensas de ciertas personas piadosas, que asumieron ese caritativo oficio.

Inmediatamente después, una especie de conmoción casi universal se comunicó por toda Roma, ante la noticia de su muerte, que se extendió de repente, junto con la fama de su gran santidad. Entonces, una multitud tan grande de gente de todos los rangos y condiciones comenzó a agolparse en la Iglesia, que los soldados que habían sido llamados para mantener el buen orden, tuvieron muchas dificultades para mantener a la multitud sometida.

Para satisfacer la piedad de los fieles, cuyo número aumentaba cada vez más, Su Eminencia el Cardenal Vicario dio permiso para aplazar la colocación del cuerpo bajo tierra hasta la tarde del Domingo de Pascua, que en este año 1783 cae el veinte de abril. Este mismo día, por orden de Su Eminencia el cuerpo fue, hacia la hora de la puesta del sol, depositado bajo tierra, en un lugar honorable y particular de esta Iglesia.

Firmado,

Luke Anthony Coselli, Procurador

General del Vicariato de Roma.

Francis Mari, Notario, a petición del Sr. Joseph Cicconi".

Creemos que debemos añadir aquí algunas anécdotas interesantes relativas a la vida de este Siervo de Dios, que hemos recibido del Sr. Alegiani; y que nos dan una gran idea de su paciencia, su humildad y el profundo recogimiento de su alma en la oración.

Un día, cuando este Siervo de Dios pasaba por el Hospital Colonna, donde unos muchachos jugaban a las bolitas, uno de ellos le golpeó con una piedra en la pierna izquierda, cerca del hueso del tobillo; el golpe fue tan violento que hizo brotar una gran cantidad de sangre; sin embargo, no manifestó su dolor con ningún signo; y lo que es aún más extraordinario, no se volvió para ver quién le había golpeado, sino que continuó andando, con la misma paz y tranquilidad que antes.

Otro día, mientras cruzaba el Coliseo, al ver a unos muchachos jugando de manera indecente, se acercó a ellos, y su celo se encendió, les dio una reprimenda mezclada con una buena cantidad de dulzura: pero los muchachos tomaron piedras y comenzaron a tirarlas a su caritativo monitor, como recompensa de su celo. Un hombre que presenciaba su comportamiento corrió a defender a Benito. Pero el siervo de Dios le dijo: "Déjalos en paz, que hagan lo que quieran: porque si supieras quién soy, tú mismo me tirarías piedras con más rabia aún que estos muchachos".

Con la misma paz inalterable soportó un cruel insulto de uno de sus bienhechores. Este hombre le había dado un Baiocco, o penique italiano, pero percibiendo que Benito se lo dio a otra persona pobre, vio esta acción con malos ojos, imaginando que Benito desdeñaba aceptar una limosna tan pequeña: y por ello se acercó a él y le golpeó con su bastón. Después de la muerte de este pobre Siervo de Jesucristo, se acordó de la injuria que le había hecho; y penetrado de los más vivos sentimientos de arrepentimiento, corrió a la Iglesia de Santa María de Monti, para pedirle perdón, y, como muestra y memorial de su dolor, dejó en esa iglesia, el instrumento culpable con el que le había golpeado. El Sr. Zitli, cuyas declaraciones serán examinadas en el Proceso de Canonización, fue uno de los principales testigos del respeto y reverencia con que el Siervo de Dios oraba en las iglesias. Estaba en cierto modo aniquilado en presencia de Dios: con los ojos vueltos unas veces hacia la adorable víctima de nuestra Salvación, y otras hacia la tierra, con una devoción que asombraba a todo espectador. El Sr. Zitli declara que un día, le observó durante varias horas, arrodillado ante el Santísimo Sacramento, en la iglesia de los Capuchinos, y le vio todo el tiempo totalmente desprovisto de movimiento: y absorto en adoración y oración hasta tal punto, que sospechó que estaba muerto, y fue hacia él para sacudirle, y así descubrir si estaba vivo o muerto.

El señor Zitli había sido tesorero de Kouli Khan, de Persia. Muerto este príncipe por su sobrino, el señor Zitli huyó a Astracán; y habiendo sido después, por la Divina Misericordia, introducido en el seno de la Iglesia católica, y habiéndose despojado, por sus limosnas liberales y otras buenas obras, de las inmensas riquezas que había traído consigo, se mantiene ahora, a los noventa y tres años de edad, por caridad, en un convento de los capuchinos de Roma.

REFLEXIÓN.

Cuán grande es la diferencia entre la muerte de un hombre bueno, que habiendo vivido en el desprecio y la oscuridad, deja tras de sí una reputación brillante e inmaculada, y la muerte del infiel famoso por sus crímenes y sus publicaciones impías. El primero es aprobado por la Religión, sólo porque ha cumplido fielmente todos los deberes del estado en que vivió en el mundo, y es reverenciado u honrado por ella sólo porque estuvo tan lejos de renunciar al servicio de Dios para servir al mundo; que todo lo que hizo para servir a ese mundo fue todo referido al honor y gloria de Dios, y hecho únicamente por Su causa. El otro no adquiere más que un nombre vacío, que se olvida rápidamente cuando su autor ya no existe. Grande a los ojos del mundo, casi desdeñaba contar al justo entre sus esclavos; mientras que el justo del estercolero bendecía su apacible oscuridad, y se consideraba feliz por no tener nada que desear, nada que lamentar y nada que dejar tras de sí en la tierra, porque sabía que sólo la virtud da la inmortalidad.

El infiel sólo se preocupaba de hacerse un nombre; el presente era su único objeto, olvidaba que todo perece con el hombre excepto su justicia y sus pensamientos y afectos estaban constantemente hechizados por los objetos presentes; estaba encadenado a la tierra como si pensara que nunca se separaría de ella. El justo, penetrado de la idea de la grandeza de Dios a quien adoraba, se hacía grande él mismo por la práctica constante de la verdad, de la caridad, de la modestia y del desinterés; es decir, se hacía grande a los ojos de la Religión, ennobleciéndose por la Fe. Pero, ¡ay! ¿Qué ha sido de la fe? ¿No está toda Europa plagada de libros de infidelidad e inmoralidad, que el Infierno ha enviado a propósito para envenenarla, corromperla y destruirla? Para frustrar este plan infernal, sólo necesitamos echar un vistazo al carácter de los hombres que atacan esta Fe. Pues mientras el cristiano no puede tener otro motivo interior para creer en la Revelación divina que el amor y el deseo de practicar las virtudes que recomienda; el incrédulo no puede tener otro motivo real para no creerla que el amor y el deseo de practicar los vicios que condena. Pero, ¿por qué fatalidad podría suceder que lo que es la fuente de la virtud sea una impostura, y que la luz y la verdad fluyan del sumidero del vicio? ¿Qué pueden oponer estos infieles, que falsamente se arrogan el nombre de filósofos, a una Religión tan sublime en sus doctrinas y tan perfecta en su Moral, que si fuera obra e invención del hombre, podríamos afirmar con valentía que el hombre ha sabido imitar perfectamente la obra de Dios? Esta sublimidad del Evangelio y la pureza y excelencia de sus máximas, y de la persona de Jesucristo, de cuya vida es un resumen, es descrita por uno de los mayores infieles de la época actual, Juan Jacobo Rousseau, con las siguientes palabras. "Debo reconocer que la majestad de las Escrituras me llena de asombro; la santidad del Evangelio habla a mi corazón. Mirad todos los libros de los filósofos, con toda su pompa, y los encontraréis pequeños y mezquinos si los comparáis con esto. ¿Es posible que un libro tan sublime y tan sencillo a la vez sea obra de los hombres? ¿Es posible que Aquel cuya historia se relata aquí no sea más que un hombre? ¿Es éste el tono de un entusiasta o de un sectario ambicioso? ¿Qué dulzura, qué pureza en Su moral? ¿Qué unción en Sus instrucciones? ¡Qué dignidad en sus máximas, qué profunda sabiduría en sus discursos! ¡Qué presencia de ánimo, qué cautela y exactitud en sus respuestas! ¡Y qué dominio sobre sus pasiones! ¿Dónde está el hombre, dónde está el sabio que sabe actuar, sufrir y morir sin debilidad ni ostentación? Cuando Platón describe a su justo imaginario, cargado con toda la ignominia de la culpa, aunque realmente merecedor de todos los honores y recompensas de la virtud, dibuja a Jesucristo a cada paso. La semejanza es tan asombrosa, que todos los Padres se han fijado en ella, y no es posible que nadie se deje engañar por ella. Cuán grandes deben ser los prejuicios, cuán grande la ceguera del hombre que se atreve a comparar al Hijo de Sophronisca con el Hijo de María. ¡Cuán grande es la diferencia entre uno y otro! Sócrates, muriendo sin dolor y sin ignominia, sostuvo fácilmente su carácter hasta el final; y si esta muerte fácil no hubiera coronado su vida, podríamos dudar de si Sócrates, con toda su sabiduría, hubiera sido algo más que un mero sofista. Dicen que inventó las reglas llamadas Filosofía Moral. Pero fueron otros los que primero llevaron esas reglas a la práctica; él no hizo más que decir lo que ellos habían hecho y convertir sus ejemplos en lecciones. Arístides había sido justo antes que Sócrates dijera qué era la Justicia. Leónidas había muerto por su patria antes de que Sócrates declarara que era un deber amarla. Esparta era sobria antes de que Sócrates alabara la sobriedad; y antes de que hubiera definido la virtud, Grecia abundaba en hombres virtuosos. Pero ¿de quién aprendió Jesús esa moral sublime y pura, de la que sólo él ha dado tanto las lecciones como los ejemplos? La muerte de Sócrates, filosofando tranquilamente en medio de sus amigos, es la más fácil que se puede desear; la de Jesús, expirando entre tormentos, insultado, escarnecido y blasfemado por todo un pueblo, es la más horrible que se puede temer. Sócrates, tomando la copa envenenada, bendice con lágrimas al hombre que se la presenta. Jesús, en medio de las agonías de una muerte cruelísima, reza por sus salvajes verdugos. Sí, si la vida y la muerte de Sócrates son las de un sabio, la vida y la muerte de Jesús son las de un Dios.

¿Diremos entonces que la Historia Evangélica es una ficción? No, amigos míos, eso no puede ser: porque los hechos de Sócrates, de los que nadie duda, no están ni la mitad de bien atestiguados que los de Jesucristo. Y en el mejor de los casos, esto sería sólo evadir la dificultad, no responderla. Porque sería más difícil concebir que muchos se combinaran para escribir tal libro, que que uno solo proporcionara la materia. Los autores judíos nunca habrían podido dar con este modo de expresión ni con esta sublime moralidad; y el Evangelio tiene caracteres de verdad tan grandes, tan sorprendentes, tan perfectamente inimitables, que el inventor habría sido más asombroso que el Héroe."

El Emilio de Rousseau3 ¿Qué, digo, pueden oponerle sino algunas contradicciones meramente aparentes contenidas en las Sagradas Escrituras que han sido mil veces aclaradas y reconciliadas; y viejos argumentos sofísticos que han sido confutados hace muchas edades, y que merecen el desprecio de los hombres, incluso de la capacidad más ordinaria. Si, pues, la Fe es desterrada de entre nosotros, el gran crimen de nuestra época será haber renunciado a la Religión; y el reproche perdurable para toda la posteridad, será haberla abandonado sin sombra de razón, o más bien sin otra razón que la de la violencia de nuestras pasiones. Ciudadanos peligrosos, su celo es tan pernicioso para la probidad pública como para la fe; y para el Estado, como para la religión. Seductores viles y pérfidos, se constituyen en apóstoles de la impiedad sin otro fin que inspirar a los autores de su fortuna y a los objetos de sus pasiones debilidades de las que puedan aprovecharse después. Desean apagar la luz de la fe sólo porque temen el renacimiento de la razón y el retorno de la virtud. Pero su maldad, bien entendida, nunca será capaz de engañar a nadie más que a aquellos que están dispuestos a ser engañados. Y a pesar del desenfrenado libertinaje y de la atrevida impiedad con que atacan a la religión, siempre echará raíces mucho más profundas en las almas virtuosas: pues nunca ha tenido otros enemigos que los hombres en quienes un audaz orgullo ocupó el lugar del saber y del estudio, y que fueron deshonrados, vilipendiados y deshonrados por sus inmoralidades.

¡Maldita estupidez! ¿Cuándo despertarás de tu letargo? Con un corazón tan tierno para las criaturas, ¡cuándo dejarás de ser tan duro e insensible para con tu Dios! Vemos cada instante al mundo precipitarse hacia su disolución, la tierra asolada por accidentes fatales que la amenazan con la ruina, y no pensamos en ese momento que cortará en pedazos nuestro hilo de vida.

1 Los diferentes lugares donde, desde el mes de agosto pasado, se han publicado relatos de curaciones milagrosas, sin mencionar Roma, son en Urbino, Perugia, Fermo, Macerata, Recanati, Loreto, Camerino, Cefalú, Orvieto, Ancona, Tolentino, Velletri, Rieti, Montefiascone, Monte San Savino, Narni, Civita Vecchia, Gubbio, Tolentino, Fabriano, Urbania, Montalboddo, Heltanno, Cascia, Capua, Caprarola, Nocera Umbra; en la diócesis de Nepi, Massa Lombarda, en la diócesis de Imola, Stipes; en las diócesis de Rieti, Selci, Monte Lupone; en la diócesis de Loreto, Monterotondo, Monte Porzio; Montalto, Vetralla; en la diócesis de Viterbo, Anguillara; diócesis de Sutri, Sisterna, diócesis de Velletri, Capo-di-Monte; diócesis de Monte Siascone. Y fuera del Estado Eclesiástico, en Ginebra, Malta, Milán, Bérgamo, Nápoles; y en estos diferentes estados, Bari, Capua, L'Aquila, Mont Royal, Amatrice, Avezzano, Petreto, Sperlonga, Rocca di Botte, La Sainte-Marie, Capistrello, Arce, en Francia, Bollène, en el Condado de Venaissin; en muchos lugares de Artois; en Aix en Provence, Lille, Cavaillon, y muchos otros lugares.

2 Ecles. xi. 12, 13.

3 , Tom. 3. P. 179.

ANEXO

— • —

RELATO DE LOS MILAGROS QUE, SEGÚN SE DICE, EL TODOPODEROSO HA OBRADO POR INTERCESIÓN DE SU FIEL SERVIDOR.

Leemos en el capítulo trece del cuarto libro de los Reyes, también llamado segundo libro de los Reyes, que el profeta Eliseo murió y lo enterraron. Y los invasores de Moab llegaron a la tierra el mismo año. Y algunos que estaban enterrando a un hombre vieron a los incursores, y arrojaron el cuerpo en el sepulcro de Eliseo. Y cuando hubo tocado los huesos de Eliseo, el hombre revivió y se puso en pie. Aquí vemos un milagro obrado por Dios Todopoderoso, por medio de las reliquias del profeta, y eso, sin que nadie lo pidiera, ni siquiera sospechara la probabilidad de que tal milagro se obrara en favor del difunto. Después de este ejemplo de la extraordinaria bondad de Dios Todopoderoso, no es de extrañar que la mujer mencionada en el Evangelio, Matt. ix. 20, que había estado aquejada de flujo de sangre durante doce años, tuviera tanta fe y confianza en la bondad de Dios como para pensar que si tocaba tan sólo el borde del manto de nuestro Salvador, quedaría curada. Y en efecto, encontramos que su fe y confianza fueron elogiadas y recompensadas por nuestro Salvador, restaurándole la salud según su deseo.

Leemos de nuevo en los Hechos de los Apóstoles xix. 12, que "Delantales y pañuelos que habían tocado el cuerpo de S. Pablo eran llevados a los enfermos, y las enfermedades se iban de ellos, y los malos espíritus salían de ellos".

Estos ejemplos de los favores recibidos de Dios Todopoderoso al tocar los huesos del Profeta Eliseo, y los Delantales y Pañuelos que habían tocado el cuerpo de S. Pablo, indujeron a los cristianos en la época de la Biblia a buscar la ayuda de Dios. Pablo, indujeron a los cristianos de las primeras edades del cristianismo a rendir particular respeto y veneración a los cuerpos, o reliquias, de los santos mártires; sin dudar que aquellos gloriosos campeones que habían vencido al diablo y al mundo, entregando sus vidas por la fe de Cristo, y habían sido admitidos en las mansiones de la bienaventuranza eterna, obtendrían favores similares de Dios para ellos, o al menos presentarían sus peticiones ante el trono de Dios, y solicitarían para ellos sus gracias y bendiciones espirituales. Por lo tanto, leemos en los Hechos de San Ignacio, Obispo de Antioquía y Mártir, que siendo devorado por las bestias salvajes, nada quedó de su cuerpo, sino sólo algunos de los huesos, que fueron llevados a Antioquía, y dados a esa Iglesia, por el bien del Mártir, como un tesoro inestimable. Acta Sincera Martyrum de Ruinart, Secc. 5, p. 707.

Cuando el cuerpo de San Policarpo fue quemado, los cristianos recogieron lo que quedaba de sus huesos, y se los llevaron: los cuales valoraron más que el oro y las piedras preciosas. Eusebio, Lib. 4, Hist. Cap. 15, p. 134.

Cuando San Andrónico sufrió el martirio, el procónsul Máximo ordenó que le arrancaran la lengua y los dientes, que los quemaran y que arrojaran las cenizas al viento, para evitar, dijo, que "alguna mujer lamentable de los cristianos se quedara con ellos como tesoro". Ruinart, p. 487.

San Basilio dice que, según los ritos judíos, todos los cadáveres son una "abominación"; pero ahora, si alguien muere por el nombre de Cristo, sus reliquias se consideran preciosas. Antes, el contacto con un cadáver mancillaba al hombre; ahora casi lo santifica. San Basilio en el Salmo 115, T. 1, p. 274.

San Gregorio Nyssen dice que un cristiano se considera santificado y bendecido al tocar la tumba de un mártir; y mucho más si se le permite llevarse algo del polvo del Sepulcro. Orat. de St. Theodoro Mart. Tom. 3. p. 579. 580.

San Jerónimo escribiendo contra Vigilantius, quien pretendía que las reliquias no debían ser honradas, opone contra él el ejemplo de todos los obispos del mundo. Lib. contra Vigilantium.

De nuevo, dice, "Honramos las reliquias de los mártires, para que podamos adorar a Aquel cuyos mártires son. Honramos a los siervos, para que sea honrado el Maestro, que dice: 'El que a vosotros recibe, a Mí me recibe'". Ep. 53. ad Riparium. Y de nuevo: "Escribes que Vigilancio vomita una vez más su veneno contra las reliquias de los mártires, llamándonos adoradores del polvo e idólatras, por venerar los huesos de hombres muertos. Oh hombre infeliz que nunca podrá ser suficientemente compadecido". Ibid.

El Dr. Burnet, obispo protestante de Salisbury, dice: "No es de extrañar que en los comienzos del cristianismo se tuviera gran cuidado en mostrar todo el respeto y ternura posibles incluso hacia los cuerpos de los mártires. Hay algo de esto plantado tan profundamente en la naturaleza humana, que aunque la filosofía de ello no puede ser tan bien hecha, sin embargo, parece ser algo más que una costumbre universal. Pensamos que todos los honores decentes se deben en verdad a los cuerpos de los santos, que una vez fueron templos del Espíritu Santo"; y al escribir sobre las Actas que dan cuenta del respeto que los cristianos primitivos rendían a las reliquias de San Policarpo, dice: "Esta es una de las piezas más valiosas de la verdadera y genuina Antigüedad, y nos muestra plenamente el sentido de esa época, tanto en lo que respecta a las reliquias como al culto de los santos". Exposición de Burnet de los 39 Artículos. Art. 22. p. 313, 316.

Y por último, Eunapio, un escritor pagano que vivió en el siglo IV, dice: "Los cristianos, reuniendo las cabezas y los cuerpos de aquellos que los magistrados habían ejecutado, los convertían en sus dioses, se postraban ante ellos y se creían más puros al profanarse en sus tumbas".

Este respeto y veneración que se mostraba a las reliquias de los Mártires, y que se refería y redundaba en la Gloria de Dios, cuyos Mártires son, fue aprobado por Dios mismo; tanto por revelar milagrosamente dónde estaban depositadas las reliquias de algunos de Sus Mártires, como por los muchos Milagros que se complació en obrar por su medio.

Acerca de los milagros obrados por las reliquias de los mártires, dice San Gregorio Nacianceno Gregorio Nacianceno dice: "¿No temisteis a los mártires y santos, Juan, Pedro, Pablo, Santiago, Esteban, Lucas, Andrés, Tecla, y tantos otros, a quienes se asignan grandes honores y festividades, por quienes los demonios son expulsados, y las enfermedades curadas: cuyos mismos cuerpos, si son tocados u honrados, hacen lo mismo que sus santas almas: y una gota de su sangre, o cualquier pequeño resto de su Pasión, tanto como sus cuerpos?". Orat. 3. quæ est 1 cont. Julianum Tom. 1. p. 76. Ed. París.

San Ambrosio dice: "Habéis conocido, es más, vosotros mismos habéis visto a muchos desposeídos, a muchos liberados de sus enfermedades en cuanto tocaban el Velo que cubría los Cuerpos santos. Los antiguos Milagros de Cristo reviven. Veis a muchos curados, por la sombra como si fuera de los Cuerpos de los Santos. ¿Con cuántos Pañuelos son tocados? ¿Cuántos Velos, tocando las Sagradas Reliquias, se convierten en instrumentos de las mayores curaciones? Todo el mundo se complace en tocar el dobladillo más lejano; y si lo hace, se curará". San Ambrosio Ep. 22.

San Isidoro de Pelusio. "Si os ofende que honremos las cenizas de los Cuerpos de los Mártires, porque amaron a Dios y le sirvieron constantemente; preguntad a los que han sido curados por ellos, e indagad el número de destemplanzas de las que han sido liberados. Si haces esto, estarás tan lejos de reírte de lo que hacemos, que estarás dispuesto a unirte a nosotros en una práctica tan inocente." Lib. 1. Ep. 55.

San Agustín en su Libro de la Ciudad de Dios, relata varios Milagros realizados en los Santuarios, o por medio de las Reliquias de San Esteban: a saber: 1. Una mujer ciega recuperó la vista, por medio de las Reliquias de San Esteban. 1. Una mujer ciega recuperó la vista, aplicando a sus ojos algunas flores que habían tocado sus Reliquias.

2. El obispo Lucilio, llevando las Reliquias de San Esteban, se curó de una fístula, con la que había estado aquejado durante mucho tiempo, y nunca más volvió a tener problemas con ella después de aquel día. 3. Eucherius, sacerdote español, que residía en Calame, fue curado de la piedra por parte de las mismas reliquias, que el obispo Possidius llevó allí; y siendo después dado por muerto a consecuencia de otro desorden, por la ayuda del dicho mártir, a cuyo santuario lo llevaron, fue restaurado a su vida y salud anteriores. 4. Un niño que había sido aplastado por un carro, fue llevado por su madre y depositado ante el santuario de San Esteban, donde recobró la vida y la fuerza en un instante. 5. 5. Una mujer devota de Caspaliana, estando enferma y sin poder recuperarse, envió su manto al santuario; pero antes de que volviera, ya estaba muerta. Sin embargo, sus padres la cubrieron con ella; hecho lo cual, revivió al instante y gozó de tan buena salud como siempre. 6. Lo mismo le sucedió a la hija de un tal Bassio, sirio, que habitaba en Hipona: cubrió a su hija muerta con el vestido que había llevado al santuario, y al momento volvió a la vida. 7. 7. Irenæus, un recaudador, teniendo a uno de sus hijos muerto, uno le aconsejó ungirlo con un poco del aceite de San Esteban; él lo hizo, y su hijo fue restaurado a la vida. Después de dar cuenta de estos milagros, San Agustín continúa y dice: "Si tuviera que escribir todos los milagros realizados en los cuerpos de los hombres por los memoriales de San Esteban, sólo en Calama e Hipona, sería una obra de muchos volúmenes, y tampoco sería perfecta. Todavía no han pasado dos años desde que su memoria comenzó (es decir, sus reliquias fueron depositadas) en Hipona, y aunque nosotros mismos sabemos que muchos milagros hechos allí desde entonces no están registrados, sin embargo, hay relaciones dadas de casi setenta de los que se han hecho desde entonces hasta hoy." San Aug lib. 22. de Civit. Dei cap. 8. Varios otros milagros de la misma naturaleza son por San Ambrosio, San Agustín, y San Paulino, relatados de haber sido realizados en Milán, por medio de las reliquias de SS. Gervasio y Protasio; y de hecho San Ambrosio en el lugar arriba citado dice que los velos que tocaban esas reliquias se habían convertido en "instrumentos de las mayores curaciones". Y para la verdad de esos milagros, apela a los que habían sido testigos oculares de ellos.

Teodoreto menciona otra práctica de los fieles en sus días: pues dice: "Que los que piden con fe, obtienen sus peticiones como se desprende de los donarios testigos de sus curaciones. Pues algunos cuelgan las semejanzas de ojos, otros de pies, otros de manos, hechos de oro o plata. Estos muestran el poder del mártir, y que el Dios a quien adoraban es el Dios verdadero." Serm. 8. de curand Gracor Affect. Tom 4. p. 593, 594.

Puesto que Dios Todopoderoso se ha complacido frecuentemente en obrar milagros por medio de las reliquias de los mártires, en testimonio de su fe y de la santidad de sus siervos, de la misma manera que antes había obrado milagros semejantes por medio de los delantales y pañuelos que habían tocado el cuerpo de S. Pablo, en testimonio de su divina comisión. Pablo, en testimonio de su divina comisión y autoridad para predicar la misma fe a todo el mundo: no es de extrañar que los cristianos tuvieran una gran veneración por los sagrados restos de aquellos siervos de Dios, y se presentaran ante las tumbas de los mártires, para rogarles que intercedieran ante Dios en su favor, para suplicarle que los librara de sus aflicciones, y les concediera todas las bendiciones espirituales y temporales de las que estaban necesitados: como los Santos Padres en sus escritos nos aseguran que hicieron. Pues San Crisóstomo dice: "El que viste la púrpura viene a estas tumbas a besarlas; y despojándose de su orgullo, se levanta humildemente, invocando a los santos, para que le defiendan ante el tribunal de Dios. Y que el fabricante de tiendas y el pescador, aunque muertos, sean sus patronos, es la ferviente petición del que lleva la diadema". San Crisóstomo hom. 26. en Ep. 2. ad Cor.

Y en otro lugar exhorta al pueblo a hacer de esto su práctica constante. Por tanto, no visitemos su tumba sólo este día, sino todos los días, para obtener así bendiciones espirituales de Dios. Porque si al tocar los huesos de Eliseo un cuerpo muerto fue devuelto a la vida, si un hombre se acerca a la tumba con fe, con mucha más razón puede esperar bendiciones en el presente, ya que las gracias fluyen con más abundancia. Dios nos ha dado las reliquias de sus santos, para conducirnos poco a poco a emular su celo, y para que tengamos seguridad y consuelo contra los males que nos rodean. Tom. 1, Or 42, p. 507.

Y otra vez. Por lo tanto, dice, no sólo en este día, sino todos los días, visitemos sus tumbas (de Domnia, Berenice y Prosdocimus, cuyos santuarios se encontraban en la ciudad de Antioquía, donde predicó este sermón) para que así podamos obtener bendiciones espirituales de Dios. Supliquémosles, roguémosles que sean nuestras protectoras. Porque su poder era grande, no sólo cuando vivían, sino que también lo es, y mucho más cuando están muertos. Porque ahora llevan las marcas de Cristo. Y cuando las muestren, podrán obtener todas las cosas del Rey. San Crisóstomo. Tom. 1, Or 51, Ed. Ben. p. 570.

San Ambrosio dice: No nos avergoncemos de hacer uso de ellos como intercesores por nuestra enfermedad; quienes conocieron la debilidad del cuerpo, al mismo tiempo que la conquistaron. Lib de Vitiis.

El Sr. Thorndike, escritor protestante, dice: "Se confiesa que las luces, tanto de la Iglesia griega como de la latina, Basilio, Nacianceno, Nyssen, Ambrosio, Jerónimo, Agustín, Crisóstomo, ambos Cirilos, Teodoreto, Fulgencio, Gregorio Magno, León; más, o más bien todos los de ese tiempo, han hablado con los Santos, y deseado su asistencia". Thorndike's Epil. parte 3, p. 358.

Y el Obispo Montague en su Tratado de la Invocación de los Santos p. 97, dice: "No veo ningún absurdo en la naturaleza, ninguna incongruencia a la Analogía de la Fe, ninguna repugnancia en absoluto a la Sagrada Escritura, y mucho menos Impiety, para que cualquier hombre diga: 'Santo Ángel Guardián, ruega por mí.'"-Y de nuevo en el mismo tratado dice de los Santos: "Si me presentara ante ellos, o les informara ciertamente de mi estado, sin ninguna pregunta o más preámbulo, diría de buena gana y de buena gana: 'San Pedro, Beato Pablo, rogad por mí; recomendad mi caso a Cristo Jesús, nuestro Señor'. Si estuvieran conmigo, junto a mí, en mi presencia, correría con los brazos abiertos, caería de rodillas, y con afecto desearía que oraran por mí".

De lo que se deduce: 1. Que en las primeras edades del cristianismo los fieles conservaban las reliquias de los mártires con gran cuidado y veneración, considerándolas más valiosas que el oro y las piedras preciosas. 2. Que Dios obró muchos milagros en favor de aquellos que ante las tumbas de los mártires tocaban sus reliquias, y con fe viva imploraban su intercesión. 3. 3. Que los santos padres, las luces más ilustres de la Iglesia de Dios, dan testimonio de la realización de estos milagros. Y 4. que los mismos santos padres exhortan y animan a los fieles a visitar las reliquias de los mártires, y a invocar a los mártires cuyas reliquias visitan, para obtener por su intercesión bendiciones espirituales y temporales de Dios.

El venerable Beda en el cuarto libro de su Historia Eclesiástica, cap. 31 y 32, da cuenta de un hombre que fue curado de una parálisis de la misma manera en el santuario de

San Cuthbert; y de otro que fue curado de una hinchazón en su párpado, tocándolo con algunos de los cabellos del mismo santo. El mismo autor relata en la vida de San Cuthbert, que otra persona también fue curada de una parálisis por tener en sus pies los zapatos en los que San Cuthbert había sido enterrado al principio. Cap. 45.

San Bernardo dice que después de la muerte de San Malaquías, "se llevaron a cabo sus ritos funerarios: el sacrificio y todas las cosas se hicieron con la mayor devoción. Al mismo tiempo, estaba a cierta distancia un muchacho cuyo brazo marchito colgaba a su lado, y le era más molesto que beneficioso. Al verlo, le hice una señal para que se acercara a mí. Y cogiendo su brazo marchito, lo apliqué a la mano del Obispo, que le devolvió la vida. Porque el don de la curación aún permanecía en el cuerpo muerto; y su mano era para la mano seca lo que Eliseo era para el hombre muerto. Aquel muchacho había venido desde muy lejos: y la mano que había traído colgando inútilmente a su lado, la llevó de vuelta a su país entera y tan capaz de realizar sus funciones como la otra". San Bernardo en Vita St. Malachiae cap. 31.

En todas las épocas, Dios se ha complacido en obrar milagros similares por medio de las reliquias de sus santos, tanto para abrir los ojos de los incrédulos, para que, si quieren, conozcan cuál es su verdadera fe y la abracen para la salvación de sus almas, como para dar testimonio de la santidad de sus siervos. Una multitud de tales milagros, después del más riguroso examen, han sido jurídicamente probados que han sido obrados por las reliquias de Santo Domingo, San Francisco, San Antonio de Padua, San Edmundo Arzobispo de Canterbury, San Hugo de Lincoln, San Ricardo de Chichester, Santo Tomás de Hereford, San Vicente Ferrer, Santa Catalina de Siena, San Francisco Javier, San Juan Francisco Regis, y una multitud de otros santos.

Habiendo ya dado suficiente cuenta del testimonio de los más ilustres escritores de la Iglesia de Dios, de los milagros que el Todopoderoso se ha complacido en obrar por las reliquias de sus santos, para la confirmación de su fe, la manifestación de su santidad y el alivio de aquellos que con fe viva les solicitaron que se convirtieran en sus patronos e intercesores ante el trono de Dios; Vengo ahora a dar cuenta de algunos de los numerosos milagros que, según se dice, se realizaron en la tumba del Venerable Benedicto José Labre, en favor de varios de aquellos que, con la misma fe viva, imploraron su intercesión. El relato más antiguo lo encuentro expresado en una carta fechada el 23 de abril de 1783, es decir, sólo siete días después del fallecimiento de este siervo de Dios, y que fue escrita por el Vicario General de esa rama de la Orden de Franciscanos llamada los Recoletos, al Superior del Convento de la misma orden en San Omer, de la cual lo siguiente es un extracto.

"Reverendo Padre: Creo que es mi deber informarle de que un joven, llamado Benedict Joseph Labre, murió en Roma el miércoles de Semana Santa, en olor de santidad. Los milagros que aún sigue obrando, atraen a su Tumba a infinidad de personas que publican estos prodigios. Los ciegos ven, los sordos oyen, los mudos hablan, los cojos andan y los paralíticos se curan: tales son los prodigios que nuestro buen Dios obra cada día por la intercesión de este santo varón. Me alegraría mucho saber si el Padre y la Madre de este buen hombre viven todavía".

Otra carta de la misma persona fechada el 30 de abril de 1783, añade-.

"Ha habido un tumulto tan grande en la iglesia de S. María de Monti, que se han visto obligados a cerrarla".

Copia de una carta del abate de Lunel dirigida al señor Labré, rector de Erin, que el escritor creía que aún vivía, fechada en Roma el 27 de abril de 1783.

"Señor, creo que es mi deber comunicarle los siguientes detalles relativos a su sobrino, que murió como un verdadero santo, ya que siempre vivió conforme a las instrucciones y educación que recibió de usted. Os aseguro por palabra de un Sacerdote, que el Domingo de Resurrección, mientras le ponían una especie de Roquete blanco adornado con cintas rojas, me sorprendió una cosa, que no sé cómo expresar; él con su mano izquierda se sostenía en una postura adecuada, y me pareció que estaba a punto de hablar.

Entonces empecé a pensar que sólo había estado en trance. Todo el mundo gritó: ¡Un milagro! Muchas de las personas más respetables me han asegurado que el jueves por la mañana, al día siguiente de su muerte, le vieron sudar. Su Confesor me ha dicho, y él dice lo mismo a todo el mundo, que un día observando que su Libro de Oraciones estaba en muy mal estado, pensó en darle otro, pero después cambió de idea, por razones que él mismo conoce. El buen Penitente, la siguiente vez que fue a confesarse, le dijo: 'Pensabas darme un libro, y después cambiaste de parecer; haces bien: y yo me someto'.' El Confesor, que nunca se lo había dicho a nadie, quedó asombrado de sus palabras. Lo mismo le sucedió con una limosna que tenía intención de concederle. Pero después, reflexionando que esto podría inspirarle motivos de lucro, cambió de opinión. En la siguiente Confesión, el Penitente le dijo en tono inocente: 'Tenías intención de darme una Limosna, y después no quisiste'. El Confesor, muy confundido, dijo: 'La Limosna Espiritual es mucho mejor'. Es verdad", dijo el penitente. Y mientras la Confesora lo decía bastante confusa, con la mano en el bolsillo: 'No', dijo el Penitente, 'nunca me des nada'. Hacia fines de abril del año pasado, vino todo tembloroso a buscar su confesor, y le dijo: Oh, Padre, creía que estaba muerto; que me habían enterrado en Santa María de Monti en el lado de la Epístola del altar; que había una gran multitud de gente alrededor de mi miserable cuerpo, que hacían un gran ruido; y que Jesucristo me dijo: 'TE DÉ MI LUGAR, Y ME VOY'. Al repetir estas palabras, me voy, rompió a llorar. El confesor le consoló, y le dijo que eso era imposible, pero que no había pecado por pensar así. Pero como el confesor quedó impresionado con esta revelación, y él, a consecuencia de lo que oyó de Benito, en ese mismo momento formó en su propia mente una imaginación de lo que ahora ve: y como, después de lo que había pasado entre él y su penitente sobre el libro y las limosnas, que he mencionado antes, consideró a este hombre como un santo: se dirigió a tres de las personas más respetables de Roma, y les rogó que escribieran esta revelación hecha a uno de sus penitentes, y que también la atestiguaran después, si la ocasión lo requería; declarando al mismo tiempo que él mismo no sabía lo que podía significar. El Sábado Santo, cuando me pidió que leyera unos papeles pertenecientes a Benedicto, cuyo contenido no entendía, me dijo: Este es un Santo Sello; me ha dicho cosas asombrosas; pero hay algo más que esto que no puedo entender. Esto me lo contó en presencia del Superior del Monasterio donde estaba, y de otro religioso que asistió a Benito en su muerte.

El pasado domingo de Pascua, el Superior nos dijo: Tengo la intención de presentar una petición al Cardenal Vicario, y rogarle que traslade el Laus Perenne, o Plegaria de las Cuarenta Horas, a otra Iglesia, porque la gente acude en masa durante todo el día. Los Príncipes, Prelados y Cardenales se ven tan impedidos de venir durante el día por la multitud, que sólo pueden venir a las dos o tres de la mañana. (Esto continuó siendo así hasta el 27 de abril de 1783.) Toda la gente viene de tal manera a rezar a Dios en su Tumba, que parece como si despreciaran a Jesucristo: Deseo, pues, desde ahora liberar mi conciencia en este asunto. El Confesor, el Padre que lo asistió en su muerte y yo, hicimos todo lo que estuvo a nuestro alcance para impedirle presentar esta petición: alegando que este pobre hombre voluntariamente iba siempre a las Iglesias donde se celebraba el Laus Perenne, o la oración de las Cuarenta Horas:

y que esta práctica había contribuido a la santificación de su alma. A pesar de lo cual, el Superior consiguió una Orden del Cardenal Vicario para trasladar el Laus perenne a una iglesia cercana. El viernes siguiente nos sorprendió mucho comprobar que las Leyes perennes no se celebraban en la iglesia de Santa María de Monti, como en años anteriores. El Confesor, sometiéndose a las Órdenes de sus Superiores, cuando estaba diciendo la parte del Oficio llamada Ninguno, y había llegado a esas palabras del Salmo: Dame entendimiento según tu palabra: él declara públicamente que de repente este pensamiento golpeó en su mente: 'Aquí está la explicación de la predicción de Benedicto. Hace cuatro días que han sacado el Santísimo Sacramento de la Iglesia; y han trasladado las Leyes perennes a otra iglesia, para dar rienda suelta a la devoción del pueblo, y prevenir cualquier irreverencia que de otro modo pudiera suceder: esto es lo que significaban aquellas palabras de Jesucristo: Os doy mi lugar. Que este es el significado de estas palabras, me parece muy evidente: y de hecho toda la ciudad es de la misma opinión'. Esto me lo informó el mismo Confesor, que no puede tener ningún interés en engañarnos; y además, por la precaución que tomó, tiene testigos apropiados de la predicción. Le ruego que consiga un relato exacto de la primera parte de esta vida oculta. Mañana traduciré todos sus papeles. Soy, &c.

Abate de Lunel.

P.S. La devoción de los fieles parece ser mayor que la que el pueblo mostró a la muerte de San Felipe Neri. Me han informado que los superiores tienen la intención de probar esta devoción durante algunos días, ordenando que se cierren las puertas de la iglesia durante ocho días, para ver si al cabo de ese tiempo la gente vuelve con el mismo fervor. Por el momento sólo se admite a los enfermos. La sacristía está llena de muletas y vendas".

Extracto de una carta escrita por un médico en Roma a su hermana, una monja carmelita en Cavaillon, fechada el 1 de mayo de 1783.

Un pobre francés, llamado Benedict Joseph Labre, murió el 16 del mes pasado en casa de una persona caritativa que lo había acogido. A la mañana siguiente, se sorprendieron mucho al comprobar que sus miembros eran flexibles y flexibles, como si sólo hubiera estado dormido. Los efectos milagrosos de su intercesión han sido tan rápidos y tan numerosos, que para satisfacer el celo del pueblo, al que una fuerte guardia de soldados apenas es capaz de mantener en buen orden, dejaron el cuerpo expuesto a la vista del público por espacio de cuatro días. Durante todo este tiempo el cuerpo conservó la flexibilidad y frescura de un hombre vivo. Después de su entierro, se reunió una extraordinaria concurrencia de gente de todas partes de Roma y de los lugares adyacentes, que aún continúa, e incluso hasta este momento visitan la tumba de este hombre bendito, que incesantemente obra milagros en favor de aquellos que con fe invocan su intercesión. Los mudos hablan, los ciegos ven, y los que habían perdido el uso de sus miembros caminan libremente y vuelven a sus propias casas sin ninguna asistencia, y los hidrópicos se curan en un instante. El domingo pasado, una pobre mujer que tenía hidropesía fue llevada a la vista de todo el pueblo y depositada sobre la piedra que cubre su sepulcro, cuando inmediatamente vieron salir de sus pies una gran cantidad de agua muy fétida, y en un instante se encontró perfectamente curada. Los miembros rotos se restablecen, y las úlceras inveteradas se curan en un instante. En una palabra, los lisiados se las arreglan para ser llevados y depositados sobre su tumba; y regresan llenos de fuerza y tan activos como si nunca hubieran estado fuera de servicio. Este es un espectáculo que se repite todos los días, y del que toda la ciudad de Roma es testigo ocular. No puedo describirles cuánto esto excita su sorpresa y admiración. Tanto los incrédulos como los demás se deshacen en lágrimas en estas ocasiones. Yo mismo he oído a varios hacer este reconocimiento. No podía creer lo que se decía acerca de los milagros; he sentido curiosidad, he ido a verlos con mis propios ojos, y ahora estoy convencido. ¡Qué triunfo es éste para la Religión!

Nadie ha visto jamás cosas como éstas. Hay personas que, sin pensar en comer, desde por la mañana hasta por la noche, nunca abandonan el lugar del que se apoderan en cuanto se abren las puertas de la Iglesia; para poder ser testigos presenciales de los milagros que se realizan a cada instante.

Desde su muerte hasta hoy, cuentan sesenta y tres milagros de primera magnitud. Entre los demás, hay uno de una joven de veintidós años, que nació muda, y que en seguida obtuvo el uso de la lengua; ahora le están enseñando el idioma, y pronuncia claramente todo lo que quieren que diga.

Extracto de una carta del Abate de Villiers, caballero de Su Eminencia el Cardenal André Corsini, a su amigo, fechada el 3 de mayo de 1783.

No sé si los periódicos públicos de París han anunciado la muerte de un peregrino nacido en Picardía, fallecido últimamente en olor de santidad. Se llama Benito José

Labre: -Llevaba una vida muy mortificada y penitente; no comía más de cinco o seis onzas de pan al día, a las que añadía algunas cáscaras de limones y naranjas que recogía en los estercoleros; no bebía más que agua mezclada con un poco de vinagre; su vestimenta consistía en un viejo gabán, que era el mismo que llevaba cuando salió de la abadía de Sept-Fonts en el año 1770; y un cordón, que le servía de faja; nunca aceptó ni zapatos nuevos ni medias nuevas: nunca pedía limosna, sino que recibía lo que se le ofrecía libremente, siempre que no excediera de medio sol, o medio penique: el Salmo Miserere era su oración favorita: no tenía morada fija, sino que dormía en un hospicio de peregrinos a los que repartía las pocas limosnas que recibía: pasaba la mayor parte del día en la iglesia en oración, y en una especie de éxtasis: descubría los pensamientos secretos de la gente, de lo que es testigo incontestable su confesor: predijo el día y la hora de su muerte; así como el lugar donde sería enterrado, y varias circunstancias notables que ahora se verifican; y que declaró a su confesor bajo el mayor secreto; el nombre de su confesor es Marconi. -Los religiosos de la casa donde cayó por primera vez en un ataque, y que son una especie de misioneros, llevaron su cuerpo a su casa, tomaron posesión de sus documentos, y habiendo aprendido el motivo de su residencia en Roma, y recibiendo otra información acerca de la regularidad y santidad de su vida, solicitaron tener su cuerpo en su iglesia, por ser el lugar donde comúnmente oraba, lo cual les fue concedido. Fue colocado en un pasadizo que conduce a la iglesia, donde permaneció expuesto hasta el Domingo de Pascua por la tarde, cuando fue enterrado en un lugar separado por orden del Cardenal Vicario: quien tuvo la precaución de ordenar que el ataúd en el que estaba encerrado su cuerpo, que entonces era flexible, fuera sellado; se vieron obligados a enviar una guardia de soldados para custodiar la iglesia, y el cuerpo del difunto, y mantener el buen orden. Formaron un Proceso Jurídico Verbal de todo lo que había sucedido, y pusieron una copia auténtica del mismo en el ataúd con el cuerpo. La afluencia de gente continúa hasta este mismo momento. Las puertas de la Iglesia, y el lugar donde está enterrado, siguen custodiados por soldados. Se imagina que comenzarán el proceso ordinario sobre las virtudes del difunto, tan pronto como sea posible; para que después puedan proceder a examinar las curaciones milagrosas que se atribuyen a su intercesión; y de las que ahora están preparando los memoriales.

Extracto de una carta de un caballero inglés en Roma, a su corresponsal en Inglaterra; fechada el 10 de mayo de 1783.

Recientemente hemos perdido aquí a un hombre extraordinariamente pobre: su nombre era Benedict Joseph Labre. Nunca pedía limosna, ni aceptaba más de un bajocco, que es poco más que nuestro medio penique. Si se le ofrecía más, invariablemente lo rechazaba. A veces esto se atribuía precipitadamente a la avaricia de las expectativas y a la impaciencia de la decepción, y una vez un cirujano le golpeó con su bastón por ello. Habiendo conseguido su bajocco, no aceptaba nada más aquel día; a no ser un caldito a la puerta de alguna casa religiosa. Aquí ocupaba siempre el último lugar, y se colocaba detrás de todos los demás de su fraternidad; y cuando el limosnero le llamaba para que se adelantase a recibir una porción más temprana, como a veces hacía por consideración a su peculiar delicadeza de modales, se excusaba alegando que, en caso de que la caridad no pudiese extenderse a todos, él podía arreglárselas mejor sin ella que cualquiera de los demás. Un día, en el convento de los dominicos, se había terminado el caldo antes de que le sirvieran a Benito, pero el hermano lego, por compasión hacia su demacrada figura, insistió en que no se fuera, sino que se quedara en la puerta hasta que volviera de la cocina, y entonces le trajo una escudilla de sopa fresca, como la que iba a la mesa de la comunidad, con un trozo bastante grande de pan blanco fresco, que había echado en ella. Benito lo tomó con desgana, aunque no dijo nada, pues siempre llevaba consigo el silencio de La Trappe. Pero la parcialidad mostrada hacia él en aquella ocasión, le causó tal impresión, que nunca más se le volvió a ver por la puerta de aquel convento. Se supone que su bajocco, cuando la Providencia se lo enviaba, estaba cubierto de pan; y que esto, con su caldo, las hojas de lechuga y la médula de las coles magulladas, recogidas en el estercolero, constituía toda su subsistencia.

(Luego, después de dar cuenta de la manera de su muerte, y eso, como un anticipo relatado en la primera parte de esta historia: continúa).

Durante algunos días después, la afluencia de gente fue mayor que nunca, multitudes acudiendo de todas partes de la ciudad, y de muchas partes del país; muchos traían a sus parientes afligidos y discapacitados, desde bebés a niños, para obtener una cura, como algunos de ellos hicieron con toda seguridad. Al primero se le ve ahora caminar, al segundo se le oye hablar, sin ningún dolor, dificultad o impedimento, para asombro de todos sus amigos y de gran parte de Roma, de modo que ambos son bien conocidos. Tales pruebas deben ser irresistibles para todo lo que no sea la incredulidad más obstinada, unida al descaro más consumado. Y debemos admitir estos hechos, o no debemos creer nada más en el futuro, sobre el testimonio del hombre, o cualquier número o credibilidad de los hombres.

Tampoco esta confluencia de gente consistía enteramente de las clases bajas; algunos de la primera calidad se mezclaron con la multitud para visitar el sepulcro del una vez despreciado Benedicto. Por no hablar de tantos otros grandes nombres, el cardenal de Bernis fue a Santa María de Monti para informarse in situ del mérito de su difunto compatriota y presentar sus respetos a su memoria; y antes de abandonar la iglesia, dio orden de que el cuerpo fuera encerrado en un ataúd de plomo. Así ha exaltado Dios mismo al humilde Benito, y al mismo tiempo a su Iglesia, en uno, aparentemente el más despreciable de sus hijos.

Extracto de otra carta del mismo caballero inglés, al mismo corresponsal, fechada el 21 de mayo de 1783.

La tumba del Venerable Benedicto, que aún no está cerrada y sólo está cubierta con tablas sueltas, custodiada por dos soldados, sigue siendo visitada por una multitud sin parangón. Hay una creciente confluencia de todos los rangos, y más carruajes que nunca. Un gran número de curaciones son actualmente, y créiblemente reportadas como obtenidas, no sólo en la bóveda donde sus restos están depositados; sino también en otras ciudades de Italia, por aquellos que se han encomendado a su intercesión.-No tengo espacio para dar los detalles de estas curaciones, que son generalmente consideradas milagrosas, aunque todavía no declaradas como tales por la autoridad. Y de hecho no tengo ninguna inclinación a hacerlo sin esa sanción.

Extracto de la segunda Carta que el Sr. Fontaine, de la Congregación de San Vicente de Paúl, escribió al Obispo de Boulogne, fechada el 4 de junio de 1783.

Monseñor,

Benedicto continúa haciendo mucho ruido cada día; se dice que una innumerable multitud de milagros se obran en su tumba. Llevaría mucho tiempo examinarlos todos; pero he leído varios relatos muy asombrosos de algunos, que me haría el honor de enviarle si no fueran demasiado voluminosos. La tumba es visitada todos los días como el primer día, y con el mismo éxito. Una cosa que ha sucedido, y que puede considerarse como el mayor y más estimable de todos estos milagros, es la conversión de un predicador inglés de Boston, cuya curiosidad habiéndole impulsado a examinar detenidamente las pruebas de muchas de las curaciones realizadas por intercesión del Siervo de Dios, está plenamente convencido de la realidad de muchas de ellas; y como consecuencia de esta convicción, deseó ser instruido en la Fe Católica, y el domingo pasado hizo su abjuración de los errores en los que había sido educado. Es digno de notar que este inglés es un hombre de tan gran erudición y penetración, como puede esperarse encontrar en un hombre educado en el error.

Copia de una Carta del Abate de Launel al Obispo de Boulogne.

Mi Señor,

Fui tan incrédulo con respecto a lo que se informó sobre Benedict Joseph Labre, como Santo Tomás lo fue con respecto a la Resurrección de Jesucristo. Sin embargo, tres días después de su muerte, fui a verle por curiosidad. Lo encontré fresco, flexible y sin ningún signo de corrupción. La Providencia ordenó que a la vista de mi banda (que en este país es peculiar de los Abades franceses) su Confesor, el Sacerdote que le asistió en su muerte, y el Superior del Monasterio donde se encuentra, desearan que les leyera sus papeles (que no entendían) y se los explicara en italiano, lo que de buena gana me comprometí a hacer: y lo que me ha proporcionado la oportunidad de ser muchas veces testigo de muchas cosas maravillosas, y tales que son completamente capaces de curar mi incredulidad. Este es uno de su rebaño, la santidad de cuya vida publica las alabanzas de su Pastor.-Si ninguna otra persona emprende el trabajo, yo mismo daré al público un resumen exacto de su vida.-Tengo el honor de ser, &c.

El Obispo de Boulogne

El Obispo de Boulogne, que es un prelado muy distinguido tanto por su gran erudición como por sus eminentes virtudes, como consecuencia de tan auténticas pruebas de las virtudes y milagros de Benito, que nació en su diócesis, creyó su deber hacer partícipe a su pueblo de su alegría; y por ello, en una carta pastoral que publicó, habla del Siervo de Dios con estas palabras:

Para edificación del público, aprovechamos ahora la ocasión para publicar la extra-ordinaria alegría que nos embarga; por los justos motivos que tenemos para creer, o al menos para presumir altamente, que el número de los bienaventurados habitantes del Cielo se ha visto últimamente aumentado por uno de nuestros súbditos, que en abril pasado murió en Roma en olor de santidad, donde, por llevar una vida muy austera y oculta con Jesucristo en Dios, pudo decir con San Pablo, de cuya gloriosa tumba era santo, que había muerto en Roma. Pablo, a cuya gloriosa Tumba acudía con frecuencia a venerar, "el mundo me es crucificado, y yo al mundo". Aunque su aspecto exterior era muy abyecto, espantoso y repugnante a los ojos de los hombres; sin embargo, su piedad señalada, su profunda humildad, su gran amor a la pobreza, unidos a su generosidad con los pobres a quienes repartía las limosnas no pedidas que recibía, le habían atraído la estima, la buena voluntad y la veneración de todos los que conocen el verdadero valor de esas excelentes virtudes; pero sobre todo su oración asidua y continua, que vosotros, oh falsos sabios de esta época, tanto os esforzáis en desprestigiar, infravalorar y destruir, como si sólo fuera la práctica despreciable de personas inútiles para la Sociedad; pero nunca podrá ser demasiado defendida, alabada o ensalzada. Porque según un Oráculo Divino, contra el cual los astutos razonamientos de la sabiduría humana no pueden oponer sino argumentos vanos y sofísticos, es muy prevalente a los ojos de Aquel que es el soberano Señor de los tiempos, de los corazones y el disponedor de los acontecimientos.

Tal es, en sustancia, el relato que el Elogio latino hace de este venerable hombre, el cual, con la aprobación de la Santa Sede, fue puesto en su ataúd; dicho Elogio ha sido confirmado por varias cartas enviadas desde la misma ciudad, dos de las cuales nos fueron dirigidas por el Sr. Fontaine, quien, habiendo sido durante muchos años Profesor Público de Divinidad en nuestro Seminario, se encuentra actualmente en Roma despachando los asuntos de la Congregación de San Vicente de Paúl.

Alabada y glorificada sea por siempre la bondad de Dios, que para contener el torrente de iniquidad con que el mundo está actualmente desbordado, y para proporcionar antídotos contra el veneno de la incredulidad con que está infectado, ha ordenado que sus signos y prodigios sobrenaturales aparezcan manifiestamente en la Capital del mundo cristiano: a fin de que la sensación general y viva que han producido se extienda más fácilmente a todas partes, incluso a las regiones más distantes del mundo; y sirva además para el triunfo de la Religión, la confusión de la impiedad, la confirmación de su Fe y el estímulo del Fervor. Pero ríndanse a Él alabanzas y gloria, particularmente en esta Diócesis, que es feliz por haber dado a luz a este ilustre Penitente, más feliz por tenerlo por su especial Patrono en el Cielo; pero aún más feliz si la relación o el recuerdo de sus heroicas virtudes contribuyen a hacer a un gran número de personas imitadoras de su asidua oración; y de sus constantes esfuerzos por humillarse, y les incitará a dominar sus pasiones, a crucificar su carne, a esforzarse resueltamente por someterla, y a arrebatar por la violencia el Reino de los Cielos, donde ahora ocupa un Trono tanto más exaltado, y goza de un grado de felicidad tanto más exquisito; por cuánto más se humilló cuando estaba en la tierra, y por cuánto más valientemente soportó los sufrimientos de Jesucristo en su cuerpo extenuado con ayunos y austeridades. Puede ahora, como San Pedro de Alcántara, decir: "Oh felices austeridades penitenciales que me han conducido a tanta y tan grande gloria". ¿No podemos también apropiarle aquellos hermosos textos de la Sagrada Escritura, como verificados en su persona? "La bendición de Dios se apresura a recompensar al justo, y en una hora rápida su bendición da fruto."-"Hay un indigente que necesita ayuda, que es muy débil y está lleno de pobreza. Sin embargo, el ojo de Dios lo ha mirado para bien, y lo ha levantado de su baja condición, y ha exaltado su cabeza; y muchos se han maravillado de él, y han glorificado a Dios."-"El Señor ha levantado al necesitado de la tierra, y ha levantado al pobre del muladar para colocarlo con los Príncipes de su Corte Celestial,

Dado en Boulogne, el 3 de julio de 1783

Firmado,

Francis Joseph, Obispo de Boulogne,

Por Orden de su Señoría,

Clemente, Secretario.

Carta de Su Eminencia el Cardenal de Bernis al Sr. Vincent Labre, Rector de La Pelse, Tío de Benedict Joseph Labre.

Roma, 9 de Junio de 1783

Señor,

He recibido la carta que tuvo la amabilidad de escribirme el 26 de mayo, deseándome que le diera cuenta del joven francés, conocido por el nombre de Benedict Joseph Labre, que murió en Roma el 16 de abril, y de quien usted dice que es su sobrino. Desearía poder describirle lo que sucedió aquí a su muerte; pero los prodigios que se dice que se realizan cada día por su intercesión, y que continúan hasta este mismo momento, han atraído la atención de Su Eminencia el Cardenal Vicario, quien ha ordenado que se recoja cuidadosamente una relación de ellos, con el fin de examinar su autenticidad y los grados de crédito que puedan merecer. Como su afinidad con Benedicto José Labre le ha puesto en condiciones de conocerle personalmente; o al menos de tener un conocimiento suficiente y continuo de todo lo que ha sido particularmente notable en él durante su vida. Os estaré muy agradecido si me dais cuenta de todo lo que hayáis podido recoger sobre él, mientras permaneció en Francia; así como todo lo que sepáis de sus viajes, de sus deseos de entrar en un estado religioso; y de todo lo demás relacionado con él, desde su nacimiento hasta su llegada a Italia, e incluso hasta su muerte. Le estaría aún más agradecido si pudiera enviarme algunas de sus cartas. Le ruego que no deje de intentar conseguir algunas de ellas. Una al menos es necesaria para probar que los papeles que se encontraron a su alrededor después de su muerte son de su puño y letra, y así saber lo que él mismo escribió. Le ruego también que me dé cuenta de su familia, sus ocupaciones, su reputación y el rango que tienen en Boulogne, donde se dice que están establecidos. Me alegra mucho tener esta oportunidad de asegurarle que soy, con la más perfecta estima, suyo,

Cardenal de Bernis.

Extracto de otra carta del mencionado caballero inglés en Roma, fechada el 11 de junio de 1783.

Los Milagros de Benedicto están pasando ahora por la ardiente prueba del Examen Canónico: hay no menos de ochenta y dos en la lista; se podrían añadir muchos más, pero ninguno excepto el indudable será jamás admitido o aprobado por la Inquisición. Por otra parte, una falsa modestia impide a muchos hablar y dar gloria a Dios como deberían. Yo mismo conozco a una persona que se curó de un trastorno, que un Cirujano de primer orden afirmó positivamente que era incurable, aunque no mortal, visitando una sola vez la Iglesia donde yacían sus restos e implorando sus oraciones. Y sin embargo, esta curación, y muchas más, si no más extraordinarias, nunca serán objeto de discusión. El sábado leí la declaración de un médico de Perugia, que atestiguaba la curación preternatural de una monja en el monasterio benedictino de esa ciudad, y describía muchas circunstancias que concurrieron en ella, tanto antes como después de obtenida. Fue, en resumen, así.

La dama había estado torcida y enferma desde niña, pero durante los dos últimos años había estado tullida y postrada en cama hasta tal punto que no podía ni girarse en su lecho, ni mover ninguna parte sin dislocarse alguna articulación. No esperaba otra cosa que la disolución, y se había preparado para ello, es más, lo había deseado. En esta coyuntura llegó a Perusa la noticia de la muerte, santidad y milagros de Benito, y poco después algunas de las muchas estampas de él que se publican diariamente en esta ciudad. La Abadesa del Monasterio se procuró una de ellas, y yendo en cierto modo con sus Monjas a visitar a la Hermana, le dijo que le había traído al mendigo de Roma para que la curase, ya que ninguno de sus Médicos podía hacerlo. La pobre monja se rió al principio, y luego contestó que había encomendado su caso tanto tiempo y tantas veces a la Santísima Madre de Dios sin ningún beneficio para el cuerpo, que consideraba que era voluntad de Dios que estuviera como estaba, y que no esperaba ni deseaba un milagro. La Abadesa, sin embargo, le tendió la estampa para que la besara; luego se la aplicó en la cabeza, junto al hombro, y seguía su camino, cuando la paciente gritó de repente: "Estoy bien, estoy perfectamente bien: alcanzad mi hábito". Habituada, se dirigió delante de ellas, sin ayuda ni apoyo, al Coro; continuó algún tiempo en oración y acción de gracias de rodillas, luego oyó Misa, y por fin se unió a la Comunidad para cantar el Te Deum; todos derramaron abundantes lágrimas de alegría y exultación. -Esta es la sustancia de la narración del Doctor, pero despojada de muchas circunstancias y detalles notables por él especificados, así como de términos técnicos por él utilizados: declara que la curación fue perfecta en todos los aspectos, excepto en lo que se refiere a la gibosidad y torcedura que crecieron con ella desde su infancia, y que aún permanecen; y concluye asegurándonos su disposición y deseo de atestiguar la verdad de todo lo que aquí se dice bajo juramento, a menos que se trate del modo de curación, que al no ser testigo presencial, sólo puede conocer por testimonio. En efecto, el obispo de Perugia está ahora investigando estos asuntos, y pronto veremos la declaración del doctor en forma. Si su declaración actual necesitara alguna confirmación adicional, podría añadir que el señor Fermor de este lugar tiene una hermana en el mismo convento, de quien ya habíamos sabido lo mismo, y algunas otras singularidades que acompañan a esta estupenda transacción.

Debo darles una pequeña historia más y ya lo he hecho. Un niño de casi cuatro años, hace tres semanas, por una desafortunada caída, se cortó la lengua con los dientes, de tal manera, que un gran extremo de ella, y parte de un lado colgaban fuera de su boca, y parecían pender sólo de un hilo.

La pobre madre, casi distraída, corrió con él en brazos al Hospital de Nuestra Señora de la Consolación, imaginando que los cirujanos podrían coserlo; pero éstos afirmaron enérgicamente que era imposible y dijeron que sólo podrían cortar la parte suelta, dejando que la otra se curase por sí misma, y que el niño debía permanecer mudo. De allí corrió al Hospital de San Galo y recibió la misma respuesta. Luego, al volver a casa y pasar por la iglesia de Santa María de Monti, cerca de la cual vivía, se acordó por primera vez de Benito y, corriendo entre los guardias, lo llamó en voz alta para que la ayudara a ella y a su hijo. Salió de la iglesia tan apresuradamente como había entrado, y no bien estuvo a sus puertas, tomó una estampa que representaba a Benito en sus oraciones, tocó con ella la extremidad de la lengua del niño, y se la volvió a colocar en la boca; luego lo adormeció, lo que consiguió al cabo de algún tiempo, y deslizando la estampa bajo su mejilla, se retiró a llorar y a rezar. Al cabo de unas dos horas, por lo que pudo adivinar, el niño se despertó y llamó a mamá y pidió algo de comer. Al inspeccionarle la boca, se encontró la lengua perfectamente cicatrizada, sin mostrar ninguna marca de lesión recibida, excepto una costura de un tinte púrpura lívido, que la atravesaba en parte y en parte a lo largo, en la misma dirección que la herida anterior. Son vecinos cercanos del señor *****; y no sólo ese vecindario, sino gran parte de Roma, está viendo diariamente con sus propios ojos una prueba viviente de la aceptación de Benedicto por el Cielo; creo que Thomas y yo nos sentimos felices de estar en Roma, pero más felices aún de estar aquí en un período tan distinguido.

Acabamos de tener ante nosotros una conversión que ha causado un gran revuelo entre nuestros compatriotas en esta ciudad. El converso era un maestro presbiteriano en Boston, Nueva Inglaterra, fue enviado con algún encargo al doctor Franklin, y aunque joven, ha viajado por una parte considerable de Europa, estudiando las lenguas modernas con vistas a cualificarse como profesor de las mismas en una de nuestras universidades. En Roma (donde no ha estado mucho tiempo), sin descuidar el idioma del país, se dedicó a la religión, la estudió en los libros, conversó con los italianos, y más a menudo con nuestros sacerdotes ingleses y escoceses, y la contempló en todas sus prácticas (de las que esta ciudad exhibe todas sus variedades) desde la Capilla del Papa hasta la Bóveda de Benedicto. El domingo veinticinco de mayo hizo su profesión de fe católica en forma; desde entonces ha hecho un retiro espiritual de algunos días, y el domingo del primer instante hizo su primera comunión. Es notable que lo primero (bajo Dios) que le hizo empezar a juzgar mejor a los católicos, de lo que le habían enseñado o enseñado a otros a hacer, fue el comportamiento de los marineros y soldados franceses (no siempre los más ejemplares) en Boston; nunca antes había visto un católico que él supiera. -Parece estar bajo obligaciones muy particulares hacia los franceses; porque lo que fue comenzado por sus militares, uno de sus mendicantes lo ha completado por el olor de su santidad, por el brillo de sus milagros (que fueron examinados por nuestro investigador en el lugar); y por la influencia de sus oraciones.

Extracto de una carta del abate de Lune, fechada en Roma el 16 de julio de 1783.

Cosas como éstas nunca se han visto en Roma, ni siquiera en los tiempos más sagrados. Los ingleses y otros gritan con fuerza: 'Hay que reconocer que era un buen hombre'. Con respecto a sus milagros, el Procurador para el Proceso de su Beatificación, me ha mostrado una lista de cerca de doscientas curaciones de todo tipo de los desórdenes más inveterados e incurables, que se han realizado sucesivamente; y que han sido bien probadas. Se envían relatos de milagros desde todas partes, y la gente viene de los lugares más distantes, tanto para dar testimonio judicial como para dar las gracias por su curación.

Extracto de una Carta del Reverendo Sr. Joseph Marconi al Sr. John Baptist Labre, Padre de Benedict Joseph Labre, fechada el 23 de septiembre de 1783.

Hablando de la persona enferma en Fabriano, a quien Benito visitó y exhortó a soportar su enfermedad con paciencia: dice: "Esta misma persona, habiendo, por consejo de su Confesor, invocado al Siervo de Dios durante tres días sucesivos; cada día oyó claramente su voz, diciéndole: 'Es voluntad de Dios que continúes soportando tu enfermedad con paciencia'."

Colección de diversas curaciones milagrosas obtenidas por la intercesión del venerable siervo de Dios Benedicto José Labre

Extraído del registro conservado en la Iglesia de Santa María de Monti: que en total ascienden al número de ciento treinta y seis: que han sido certificados hasta el día de hoy, 6 de julio de 1783, sin contar muchos otros, que aún no han sido inscritos en los registros, debido a que aún no han sido suficientemente atestiguados.

19 de abril. Angélica Cardellini, de veinticuatro años de edad, de la parroquia de San Francisco de Paula de Monti, que fue a visitar el cadáver del Siervo de Dios, por su intercesión se curó inmediatamente de una languidez y fiebre casi continua, y de una vena dilatada en el pecho, que le provocaba violentas convulsiones; al mismo tiempo recobró la voz, que había perdido desde hacía dieciocho meses.

El 20 del mismo mes, Angélica Raura, viuda, de unos sesenta años de edad, de la parroquia de San Marcos, fue llevada a la tumba del Siervo de Dios en una silla, con la ayuda de cuatro porteros, y por su intercesión recuperó el uso de todos sus miembros, de los que había sido privada por dos ataques apopléticos, desde los cuales había permanecido incapaz de moverse en su cama durante catorce meses. Dejó su silla en la iglesia como recuerdo de su curación y volvió a su casa caminando.

María Quercionnie, de cuarenta y ocho años de edad, hija de Nicolás, nacida en el territorio de Maillart, en las Marcas de Ancona, en la diócesis de Fermo, durante veinte años estuvo afligida por un tumor escirroso de un tamaño extraordinario en la cadera, con un gran flujo de sangre, que a veces la reducía a tal extremo, que se le administraban los últimos sacramentos; Llevada el 20 de abril a la Tumba del Siervo de Dios, obtuvo una curación perfecta de su tumor cicatrizal, y todas sus otras dolencias cesaron en un momento.

El 3 de mayo, José Bonnemain, de la ciudad de Civitavecchia, acudiendo a la Tumba del Siervo de Dios, fue curado inmediatamente de una fístula en el ojo derecho, que padecía desde hacía cinco años y que le privaba de la vista. Recuperó perfectamente la vista.

El cinco de mayo, Palma Sacripantie de la ciudad de Firmo, de veinte años de edad, tenía cáncer en el pecho y un flujo continuo de sangre, acompañado de dolores continuos. Además, se agitaba con las más violentas convulsiones y vomitaba todo el alimento que tomaba. Los tres últimos días se hallaba en una situación tan extrema que no podía tomar nada; los médicos la abandonaron por completo y, cuando estaba a punto de exhalar el último suspiro, invocó al Siervo de Dios. Entonces, quedándose dormida por un momento, se le apareció y le dijo: "Levántate y come", lo que ella hizo inmediatamente con gran apetito. Después de esto, se acostó en su cama, y se durmió de nuevo, el Siervo de Dios se le apareció por segunda vez, y con una voz clara dijo: Levántate, estás curada. Entonces se incorporó y se dio cuenta de que el cáncer que la había consumido había desaparecido; y con el mayor asombro descubrió que se encontraba en un estado de salud tan perfecto como nunca antes había disfrutado.

El nueve de mayo, la señora Felicia Ruzzi, del país de Rupitre, perteneciente al duque Matheo, recurriendo al Siervo de Dios y haciéndose aplicar uno de sus cuadros, fue curada de una dolencia crónica que la atormentaba desde hacía dieciocho años y que la tenía postrada en cama desde hacía año y medio, teniendo el cuerpo hinchado de una manera extraordinaria y lleno de heridas ulcerosas en la boca y en la garganta.

El mismo día, la Sra. Rosa Lebeau, esposa del Sr. Lebeau, Ayudante Mayor del Castillo de S. Angelo de la Parroquia más allá del Puente, habiéndose encomendado al siervo de Dios, por la aplicación de uno de sus cuadros, fue en un instante perfectamente curada de una dolorosa hinchazón que tenía desde hacía dos años en una de sus rodillas.

El 10 de mayo, la señora Ana Pellegrini, monja de un monasterio de la ciudad de Perusa, de veintiséis años de edad, afligida desde hacía muchos años por un humor escirroso y una fiebre continua, y oprimida por el raquitismo, que junto con la escirrosis le había deformado todo el cuerpo, y le había hecho la pierna derecha ocho dedos más corta que la izquierda, de modo que no podía girarse en la cama sin ser ayudada por las otras monjas, y cada vez que se giraba se dislocaba una u otra articulación. Reducidas a esta miserable condición, recurrieron a este buen Siervo de Dios, y aplicándole uno de sus cuadros, recobró un estado de perfecta salud.

El 15 de Mayo, Dominick Fassinini, del país llamado El Pequeño-Poste, en el Señorío del Marqués de Zelloni, hizo un voto a Dios, de que visitaría la Tumba de Benedicto. Y como consecuencia de este voto, emprendió su viaje: en su primera salida se encontró liberado de una herida gangrenosa que le cubría toda la pierna, acompañada de exquisitos dolores, y que por los cirujanos había sido declarada incurable y mortal. Apenas llegó a la Tumba, se encontró completamente curado.

El 22 de mayo, Miguel Goaca, portero de la parroquia de San Lorenzo de Ripette, llevado en brazos de otros porteros y depositado sobre la tumba del Siervo de Dios, por su intercesión, recobró en un momento el uso de todos sus miembros, así como el de la lengua, y regresó a su casa sin ninguna ayuda.

El veintitrés de mayo, Teresa Spoletta, de la parroquia de San Nicolás el Coronado, ciega desde hacía nueve años, al visitar la tumba del Siervo de Dios recobró la vista en un instante.

Sor Mary Brunne, alias Mary du Cruz, del Convento de S. Apolonia en Roma, estando muy agotada por una tos convulsiva, acompañada de dolores agudos y fiebre baja que había tenido durante catorce meses, y siendo también incapaz de retener su comida, se encomendó al Siervo de Dios, y siendo tocada con una parte de una de sus vestiduras, fue instantáneamente curada, y al mismo tiempo liberada de una languidez a la que había estado sujeta durante dieciocho años.

El veinticuatro de mayo, Dominica Conty, esposa del señor Conty, maestro masón de la ciudad de Bauri, había sido desangrada en el brazo derecho en el año 1782, por un cirujano inexperto que en la operación hirió uno de los tendones; a consecuencia de lo cual su brazo estaba tan hinchado, y al mismo tiempo tan contraído, que toda la facultad había resuelto proceder a la amputación, ya que el mal había progresado tanto que no podía mover sus articulaciones, y su cuarto dedo había perdido toda sensibilidad. En este estado, recurrió al Siervo de Dios, y cuando se acostó a dormir se puso en el brazo un poco de su lino. Por la mañana, al levantarse, se encontró perfectamente curada.

Maria Laurentia Spadonine, de cuarenta y siete años de edad, esposa de Francis Tedesguini de Civitta-Vecchia, habiendo sido volcada en un carro el 13 de septiembre de 1782, se le rompió el brazo izquierdo, y se le hizo una herida en el brazo derecho que cortó una de las venas y llegó hasta el hueso. Su brazo izquierdo quedó tan mutilado e inútil que no podía mover ni la mano ni los dedos. Su brazo derecho estaba igualmente mutilado, aunque podía utilizarlo un poco. El 26 de mayo, después de haber rezado y aplicado a sus brazos un poco de la camisa del Siervo de Dios, quedó inmediata y perfectamente curada.

El veintisiete de mayo, Octavia Vergaree, natural de Viterbo, residente en la plaza de Morgane de Roma, de cuarenta y seis años de edad, después de haber sido transportada con gran dificultad en una carroza hasta la tumba del Siervo de Dios, quedó completamente curada de una enfermedad que la había confinado en cama durante ocho años.

Relato de un milagro obrado por la intercesión del Siervo de Dios, Benedicto José Labre, en una monja del convento de Bollène, en la diócesis de San Pablo Trois-Châteaux: enviado por M. Eymard, archidiácono de dicha diócesis, fechado el 4 de julio de 1783.

Una Monja del Convento del Santísimo Sacramento en Bollène, pocos días después de su Profesión, cayó enferma de una dolencia muy extraordinaria. Durante tres años y medio, que sus desórdenes la han confinado a su cama, el estado habitual de su cuerpo la hizo estar sujeta a dolores violentos, cólicos, convulsiones frecuentes, y desmayos, de modo que a veces permanecía como si estuviera muerta; así como a vómitos, escupir sangre, y una aversión absoluta a todo tipo de alimentos. A estas quejas acumuladas y continuadas, se añadía un gran dolor en el costado, que hacía temer a todos por su vida: pero Dios la reservó para hacer resplandecer su bondad y su poder en un momento en que los milagros parecen tan necesarios. Después de cada paroxismo, esta buena Monja se encontraba en un estado lamentabilísimo; sentía con frecuencia dolores violentísimos, que, según decía, le parecían como si tuviera plomo derretido en las entrañas. Después de unas seis semanas, su estado empeoró aún más: expulsaba sus excrementos por la boca, lo que ocurría ordinariamente una vez cada dos días. Eran tan duros y provocaban esfuerzos tan violentos que casi se ahogaba y apenas podía sacarlos con los dedos. El médico de Bolene, que la atendía constantemente, declara que nunca vio una dolencia como la suya, y que si en algún caso hubiera sido lícito acortar los días de alguna persona para librarla de sus aflicciones, habría sido lícito hacérselo a esta monja, a causa de sus excesivos sufrimientos.

Las otras Religiosas, que hicieron por ella todo lo que la Caridad podía sugerir, hicieron una Novena para implorar la intercesión de Benito, para su curación, y la exhortaron a encomendarse a sus oraciones con ese fin. Ella respondió que no quería curarse, sino sólo que Dios le diera la gracia de sufrir con paciencia lo que Él quisiera ordenar. Perseveró en estos sentimientos hasta dos días antes de curarse, cuando empezó a sentir un gran deseo de recobrar la salud, de poder hacer los ejercicios prescritos por la Regla de su Orden y, sobre todo, de poder visitar y adorar a Jesucristo en el Santísimo Sacramento.

El veintinueve de junio, que era el último día de la Novena, este piadoso deseo se incrementó enormemente; y expresó un ferviente deseo de tener un cuadro del

Venerable Benedicto, ya que oyó que algunos de ellos se encontraban en la Ciudad. Varias veces rogó a las Monjas que le procuraran una. Por fin, le trajeron uno. Su confianza era ahora mayor que nunca: invocó a este venerable hombre; y al mismo tiempo deseó a la Superiora que las Monjas la encomendaran a Dios en las Vísperas que iban a rezar en el Coro. He aquí ahora la maravillosa obra de Dios.

Mientras rezaban las Vísperas, esta Monja que había perdido el uso de sus miembros, que apenas podía levantar la cabeza de la almohada, que había perdido la vista por extrema debilidad, y que estaba casi al borde de la muerte, (como han atestiguado el Médico y las Religiosas de aquella casa) de repente se sintió bien. "Estoy curada", dijo al enfermero, que en todo momento esperaba que expirase: "ve a buscar mi hábito para que pueda levantarme". "Pero, ¿puedes ver?", dijo el enfermero. "Sí, muy bien", dijo la enferma. "¿Y no tienes el estómago descompuesto?". "Mírelo", dijo el enfermo, "ha vuelto a su estado natural". La enfermera, alborozada, corrió a buscar su hábito; y a su regreso la encontró sentada en su lecho. Vestida, se puso en pie y se tambaleó un poco. "Ánimo, mi querida hermana", le dijo la Enfermera, "redobla tu confianza en Dios"; y al mismo tiempo, se arrodilló y gritó: "Dios mío, perfecciona la obra que has comenzado". Inmediatamente después, la enferma salió de la Enfermería para ir a dar gracias a Dios. Al llegar a la escalera, no caminó, sino que bajó volando. El Enfermero, asustado, gritó. Toda la Comunidad, imaginando que la enferma había expirado, algunas Religiosas y las Internas, salieron inmediatamente del Coro, y se encontraron con la Monja enferma, que ya estaba perfectamente curada. En aquel momento comenzaban las Completas, y para no interrumpir el Oficio Divino, fue al Coro alto a postrarse ante el Santísimo Sacramento. Terminadas las Completas, bajó al Coro bajo y se postró de nuevo ante el Santísimo Sacramento, y luego ante su Superiora. E inmediatamente después, toda la Comunidad, exultante, cantó el Te Deum. Os dejo pensar lo que pasó entre estas santas personas en tan maravillosa ocasión. Después de todas las manifestaciones de alegría, le ofrecieron un poco de caldo. "¡Oh!", dijo ella, "prefiero comer, porque tengo apetito". Comió; asistió al Rosario con la Comunidad, y a la hora de la cena, fue al Refectorio y comió con buen apetito. Terminada la cena, en la que comió más que los demás, quiso relevar al lector y leyó con voz fuerte, aunque antes había perdido la voz. Desde entonces, todos los días ha asistido regularmente a todas las tareas de la Comunidad y siempre se ha encontrado perfectamente.

Nada puede ser más falso que la noticia que se difundió de su recaída. Desde el momento de su curación milagrosa, ha disfrutado sin interrupción de un estado de salud perfectísimo. Su voz, su vista, su carne, su pulso y su fuerza se restablecieron de inmediato. No ha dejado, ni deja de observar todas las Reglas de la Comunidad, siendo la primera en cada ejercicio, tanto de día como de noche, como si nunca hubiera estado sujeta a la menor queja.

El Médico de Bolène, convencido de que esta curación es milagrosa, se propone dar cuenta de ella al Obispo, que espera su testimonio para transmitir el Proceso a la Santa Sede.

Firmado,

EYMARD,

Archidiácono de la Diócesis de St. Paul-Trois Châteaux.

Desde la publicación de la edición francesa de la Vida de Benedicto José Labre, de la que se traduce la presente, se ha recibido la siguiente noticia de Francia, a saber. que "Mary Bayard, llamada también Mary Raymond, de cincuenta y un años de edad, esposa de Peter Delatte, obrero de la parroquia de Hesdigneul, en la diócesis de Arras, sufrió hace unos quince años un ataque de parálisis, desde el cual no pudo mover ni la pierna ni el muslo, que parecían muertos y carentes de sensibilidad. Tampoco podía moverse de un sitio a otro, sino arrastrándose sobre manos y rodillas. Y durante los últimos cinco años sus miembros estaban tan contraídos que no era capaz de sentarse en una silla, sino que se veía obligada a hacer un taburete especial para ella. Esta pobre pero virtuosa mujer, con la esperanza de poner fin a su aflicción, se propuso piadosamente ir a la iglesia de San Sulpicio de Amette, la iglesia del lugar donde nació Benito, para implorar el alivio de Dios, por intercesión de Su Siervo. En vano le dijeron sus amigas que el traqueteo de un carruaje podría ponerla en peligro de muerte en el camino, pues tan grande era su confianza en la misericordia de Dios y en la poderosa intercesión de su Siervo, que estaba resuelta a partir hacia aquel lugar. Como consecuencia de esta resolución, el veintiocho de junio de 1784, recibió los Sacramentos de la Penitencia y la Eucaristía, y el mismo día, acompañada por nueve personas, partió de Hesdigneul para dirigirse a Amette. Al llegar al patio de la iglesia de Amette, la bajaron del carruaje, la llevaron a la iglesia y la colocaron cerca de la fuente bautismal, donde permaneció en la postura más decente que su situación le permitía. Apenas había rezado algunas oraciones, cuando sintió una violenta agitación en todo el cuerpo y un sudor profuso de pies a cabeza, pero principalmente en las rodillas, donde también sintió un dolor violentísimo que la hizo sobresaltarse de repente. Entonces le falló la vista y estuvo a punto de desmayarse; pero, volviendo en sí unos instantes después, se levantó de golpe y exclamó: "Dios mío, estoy curada: Demos gracias a Dios y reconozcamos la bondad de su siervo".

Como antes había ordenado a uno de sus hijos que la acompañaba que encendiera unas velas en honor de Benito José Labre, éste volvió para decirle que no le quedaba dinero para echar en el plato de los pobres. "Ayúdame", dijo ella, "y lo haré yo misma. "Y así fue, con el apoyo de su hijo. Después dio la vuelta a la iglesia, ayudada por sus dos hijos, que la sostenían a cada lado por debajo de los brazos; y caminaba deprisa, dando pasos cortos como un niño que aprende a andar. Después de esto fue a descansar a la casa parroquial, donde comió un poco de sopa de leche, y declaró todas las circunstancias antes mencionadas de su curación en presencia de un gran número de habitantes de Amette, que se habían reunido como consecuencia de la noticia de este milagro, y de las personas que habían venido con ella desde Hesdigneul. Luego regresó a Hesdigneul en el mismo carruaje que la había llevado a Amette, donde, al llegar, todos los habitantes quedaron asombrados ante la noticia de su curación. Se tocaron las campanas y se cantó un solemne Te Deum para dar gracias a Dios por tan señalada gracia.

La debilidad que la mencionada María Helena Bayard percibió después de su curación fue la consecuencia necesaria de su anterior estado de inactividad y de la pobre y escasa alimentación que tomaba. Pues, algunos días después de su llegada a Hesdigneul, después de haber tomado un buen alimento, con el que fue provista por algunas personas ricas y piadosas de ese lugar, y de Béthune, la dicha María Helena Bayard caminó a pie, tanto a la iglesia, como a Béthune, incluso sin la ayuda de un bastón; y desde entonces ha hecho los negocios ordinarios de su estación. También ha sido visitada por varios médicos y cirujanos que atestiguan que su curación es completa y perfecta.

Este día, veinticinco de agosto, la mencionada Mary Helena Bayard vino, acompañada de otras personas, desde Hesdigneul a este lugar de Amette, que está a casi cuatro leguas, para dar gracias a Dios por su misericordia y a Benedict Joseph Labre por su intercesión en su favor. Y después de haber desayunado conmigo1 con buen apetito, descansó unas dos horas y me declaró que ya no percibe ningún resto de su antigua dolencia; ahora va a regresar a pie a Hesdigneul, lo que nosotros, cuyos nombres suscribimos, certificamos que es cierto. En fe de lo cual, hemos estampado nuestras manos en Amette este veinticinco de agosto de 1784.

Firmado,

Playoult. Rector de Amette.

Bourgeois. Vicario de Amette.

Duhaumeaux. Rector de Hesdigneul.

N.B. Se ruega al Lector que observe que, aunque he relatado aquí los relatos de esas curaciones según han sido enviados desde Roma en varias cartas de diferentes personas dignas de todo crédito, la relación de estos hechos depende sólo del testimonio y veracidad de las personas privadas que enviaron esos relatos. La Iglesia todavía no ha examinado y dado su decisión y sentencia solemne sobre ninguno de ellos. De hecho, actualmente están siendo examinados, y se pondrá el mayor cuidado, como siempre se hace, en investigar la autenticidad de cada uno en particular. Para que nunca más quede duda de la interposición divina en las que se declaren curaciones verdaderamente milagrosas. Esto será un trabajo de tiempo; porque es necesario dar varios pasos con cada una de las curaciones que se dice que se han realizado: como, en primer lugar, la existencia previa de la dolencia debe ser probada por el testimonio de la persona curada, de los médicos y otras personas de la facultad que lo atendieron; y de otras personas que lo conocieron mientras estaba en su estado de sufrimiento. 2. La curación en sí, o la transición de un estado de enfermedad a un estado de salud, así como la permanencia de la curación, deben ser probadas por el testimonio de la persona curada, de los médicos y otros de la facultad, y de otras personas que conocieron a la persona curada tanto en el estado de enfermedad, como en el estado de salud. 3. Debe probarse que la curación misma no se efectuó por medio de medicamentos u otras aplicaciones ordinarias, según las prescripciones de médicos o cirujanos. 4. Debe probarse que la curación no se efectuó en un largo espacio de tiempo, sino de forma absoluta o casi instantánea, de tal manera que se demuestre la imposibilidad de que se haya efectuado por arte o naturaleza. 5. Debe probarse que la curación instantánea o la transición súbita de un estado de enfermedad a un estado de salud, se efectuó o bien como consecuencia de una invocación del Siervo de Dios con ese fin, o bien por la aplicación de algo que anteriormente le había pertenecido. 6. Estas curaciones instantáneas deben ser probadas, no sólo por el testimonio de las propias personas que han sido curadas, sino también por el testimonio de otras personas que fueron testigos presenciales del modo de la curación. 7. Ninguna persona será admitida para dar testimonio de ninguna de estas cosas, sino aquellas que sean de edad madura, de sano juicio, inteligentes en su profesión de físicos o cirujanos, y de estricta probidad e indudable veracidad. 8. Todo lo que declaren deberá ser bajo juramento. 9. Y por último, todas estas cosas, consignadas por escrito y debidamente atestiguadas por quienes están debidamente autorizados para recibir las deposiciones de los testigos, deben ser entregadas al Abogado de la Fe para ser sometidas a un severísimo escrutinio ante la Congregación de Cardenales que constituyen la Rota.

Por lo tanto, es evidente que el examen de estas curaciones milagrosas, que se dice que se han realizado en la Tumba de este Siervo de Dios y en otros lugares, llevará un tiempo considerable. Y aunque ahora están siendo examinadas, no hemos oído que la Iglesia haya pronunciado todavía su sentencia solemne sobre ninguna de ellas. Por lo tanto, la única base en la que se apoyan actualmente es el crédito y la veracidad de los testigos privados, aunque numerosos, que los relatan a partir de su propio conocimiento y demostración ocular. No nos atrevamos, pues, a adelantarnos al juicio de la Iglesia publicándolos como milagros incontestables, sino que esperemos a que se produzca la presente investigación, sin dudar de que Dios, de acuerdo con su promesa, guiará a su Iglesia por medio de su Espíritu Santo a toda la verdad, y continuará con ella hasta el fin del mundo.

Mirabilis Deus in Sanctis suis.

* * *

Editorial, 2023: San Benito José Labre fue beatificado el 20 de mayo de 1860 por el Papa Pío IX. Fue canonizado el 8 de diciembre de 1881 por el Papa León XIII. Está enterrado en la iglesia de Santa Maria ai Monti de Roma.

1 Playoult; Rector de Amette, y uno de los Comisarios nombrados por el Obispo de Boulogne para tomar información sobre Benedict Joseph Labre.

— · —

Oraciones que recitaba diariamente el

Beato Benito José Labre.

Por la mañana.

¡Oh Dios, Creador del Cielo y de la Tierra! ¡Mi amable Salvador! Te doy gracias por el inmenso amor que tienes, no sólo por mí, sino por todo el mundo: Te amo continuamente sobre todas las cosas; y Te amaré este día y cada instante de mi vida: Te suplico que me capacites para cumplir Tu santa voluntad; y Te amaré continuamente por todos los infieles y pecadores y rezaré todo este día por ellos, para que Tú les concedas iluminarlos. Deseo ganar todas las indulgencias que pueda, para librar a las pobres almas del Purgatorio; finalmente, ten piedad de los pecadores e infieles; concédeme, Dios mío, Tu santo amor; imprime en mi corazón las marcas de Tu cruel pasión: Te amo, Jesús mío, y Te doy mi corazón. Amén.

Virgen santa, presérvame hoy y todos los días de mi vida de todo pecado, para que no pierda el amor de mi Dios, a quien amaré por siempre. Te doy gracias, Virgen santa, en nombre de todos los fieles, por el gran amor que les tienes; y te doy gracias por todos los pecadores: asísteme, para que vuelvan a su Dios amable; sé el refugio de todos, hoy y siempre. Amén.

Por la noche.

¡Oh Dios de bondad infinita! Te pido humildemente perdón de todo corazón por todas las ofensas y pecados que he cometido; ¡oh Señor Dios mío! Preferiría morir diez mil veces antes que ofenderte, dulcísimo Jesús. Entrego mi pobre alma en tus divinas manos y te doy gracias por las misericordias que hoy me has concedido. Te amaré siempre; que ahora descanse en acto de puro y sincero amor a Ti, mi Dios. Te encomiendo a las pobres almas del purgatorio; ayúdales e ilumina a todos los que viven en las sombras de la muerte, sean infieles o pecadores. Te ruego por ellas; Te doy gracias en todo momento, mi divino Jesús, por haberme preservado, para que pueda amarte aún más y más; deseo con todo mi corazón, descansar en Tu santo amor y gracia. Amén.

Virgen Santa, Te doy gracias, de todo corazón, por todos los beneficios que me has procurado; Te encomiendo las almas del purgatorio: aunque duerma, Te amaré y Te daré gracias, en nombre de todos los infieles y pecadores; ayúdales, para que vuelvan a tener el favor de Tu divino Hijo: Te encomiendo mi alma y la encomiendo en Sus divinas manos. Amén.

EL FIN.

www.ingramcontent.com/pod-product-compliance
Lightning Source LLC
Chambersburg PA
CBHW071004120626
46546CB00003B/918